DIN GUIDE TILL
ETT LIV I
STOCKHOLM

斯德哥爾摩
宜居指引

瑞典劉先生（劉晉亨）著

劉先生的十二年瑞典駐地觀察
與剛剛好文化剖析

（以下謹依到稿順序刊登）

因為出差的關係，有次，幸運地有機會與劉先生在斯德哥爾摩街頭散步。那是我倆從海陸新兵訓練相遇之後，時隔數年後的敘舊。一步一步之間，他帶領我在街頭上觀看、聽見、讀懂他住的這座城市，那個對大部分臺灣人來說的美麗新世界。但這另一位劉先生，看的不只是美麗的外殼，從稅、自殺率、職場、人際交往，我們走著走著，他一個一個故事帶我走進這座城市的內裡。如今《斯德哥爾摩宜居指引》出版了，每個人都有機會與劉先生散步斯德哥爾摩街頭了。在他多年來看見的、記錄的，以及經歷的故事中，或許，你也會和我一樣，從中找到自己尋找許久的人情風景。

——劉致昕／podcast「不好意思請問一下」主理人

還記得當年誤打誤撞選了斯德哥爾摩當成旅行的一站，沒做功課就出發的結果反而迎來更大的驚喜，我站在鬧區街上整個人心花怒放，一下子就對這座城市投注滿腔熱情與喜愛。

從草創時期粉絲團一路追隨到個人第一本著作，瑞典劉先生分享的事物挑起我對旅行始終不夠滿足的渴望。旅途中，我能看見的是車站外聖克拉拉教堂塔尖，能體驗的是路面電車上的咖啡車廂，但除了這些我已親身感受過的事物以外，在瑞典劉先生文字裡最珍貴的還有那些不住瑞典就一定不會看見的生活風景。他為我補足「最孤獨的城市」裡的日常樣貌，從自身出發，聊身邊大小事，談職場互動、觀察風土民情，解析瑞典人思考問題的切角，還有面對事物的看法以及私密的內心糾結。

一邊讀著《斯德哥爾摩宜居指引》，我一邊開始查起機票，心想「既然一時半刻無法去住，那就去旅行吧」！就這樣，我急欲出發的心又開始加速滑行，看來不再次飛抵瑞典，還真難以撫平斯德哥爾摩在我心裡分貝最大的呼喚。

——dato／旅行、生活作家

和劉先生見面之前，我已經是他的粉專「瑞典劉先生」的上癮者。只要粉專有新貼文，我總會放下手邊工作，讓自己進入空杯狀態，只為沉浸在他的溫柔文字當中。劉先生的文字有畫面，彷彿你人就在瑞典享受各種體驗。體驗不僅在於北歐國家的美好風景或是耳聞的高社會福利，更是在人與人的互動關係中，了解深埋在高幸福指數底下的隱憂，以及各種左中右派價值觀的爭辯和攪動。臺灣人總覺得北歐什麼都美，這本書是個大好機會，讓我們得以透過瑞典劉先生的眼睛，帶著我們從臺灣人的視角，窺見那個我們尚未認識的瑞典。

——敏迪／「敏迪選讀」主理人

推薦序

真實的瑞典魅力

文／吳媛媛（瑞典觀察作家）

瑞典秋意漸濃，我居住的社區決定抓住夏季尾巴，辦一場鄰里足球大賽，左鄰右舍報隊分組，大人小孩共襄盛舉（但只有小孩可以射門得分）。我的先生卡樂被推選為本隊隊長，負責調度選手和協助組織賽事，他怕當天人手不夠，還叫上兒子的兩個表哥前來助陣。比賽前幾天，卡樂打電話給婆婆，問她要不要來觀賽。

從婆婆家到我家車程大約半小時，不開車的婆婆得先搭公車再轉火車前來。八十多歲的婆婆一向獨立，自己搭乘交通工具來去瑞典各地，甚至出國旅遊從來沒有問題，然而今年她的髖骨病痛突然惡化，歲月也一點點啃蝕她的體力，漸漸地，她對獨自搭車失去了信心。

在電話中沉吟了許久，婆婆說，兒子啊，我真的很想去，但是這段路程對現在的我來說恐怕太吃力了。卡樂聽了也沉吟了許久，然後說，媽，我真的很想開車去接妳，但我是組織球賽的一員，當天實在很難抽身。婆婆表示非常理解，只說記得多拍點照片，以後再聽你們和我說球賽的經過。

掛了電話後，卡樂向我轉述對話內容，我當時正好在趕稿，沒有心思多想。到了球賽當天，看著兒子和兩個表哥在足球場上奔馳，我才突然想到，等一下，我可以開車去接婆婆啊！於是我趕緊打電話給婆婆，電話中婆婆的語氣掩不住欣喜。那時剛好第一場比賽結束，我和守了整場球門、滿身大汗的卡樂說，我竟然沒想到我可以去接你媽，你那時怎麼不問我呢！卡樂聳聳肩說，妳去或是不去自然有妳的理由，跟我問不問沒關係呀。

聽他這麼說我一時啞口無言，趕緊收拾收拾就上路去接婆婆，抵達婆婆家，婆婆已經拄著助行器在門口等著。當我和婆婆慢慢走到社區的足球場，婆婆在場邊巧遇一個長久沒連繫的友人，兩人攀談了幾句，「我的兒媳剛剛開車到馬爾默來接我」婆婆解釋，表情有點開心又有點羞澀。

所有球賽結束後，累了一天的卡樂沒有要留大家吃晚飯的意思。婆婆對我說，妳方便的時候就載我回家吧。到了她家門口，婆婆輕輕把手放在我的手上說，謝謝妳，我今天好開心。

在中文我們說「血濃於水」，而在日文形容人與人之間關係淡薄或是很「見外」的詞是「淡得像水一樣」（水くさい）。卡樂和婆婆與家人相處時不期待對方、不勉強自己，不覺得自己有能力或必要去干涉別人的決定，也不想給對方帶來太大的麻煩。期待、勉強、干涉、麻煩，這些剛好都是亞洲社會對「人情」的註腳，恨不得透過「羈絆」這個好像格鬥技的意象去糾纏出濃濃的人情，相較之下，瑞典人際之間的相處模式常常讓我內心吶喊「太淡了吧」！

但是親身體驗這樣的模式後，我才發現，看似淡如水的關係背後，需要的是互相給予完全的信任、理解和自由，這也何嘗不是一種深刻的愛？

劉先生針對這一點，還提出了更多動人的故事和精闢的分析，讓我一邊讀一邊禁不住猛點頭。其中最觸動我的一段是：

溫吞的形象之下，瑞典人擁有相當堅毅、就算在暴風雪中也能獨自前行的心靈。在瑞典生活，第一件要學習的事情就是懂得和自己相處。所謂的和自己相處，並不是獨自玩手機好幾個小時打發時間，而是在漫漫黑夜裡學會真正讓心靈放鬆不多想；在一片白淨的初雪與月光照映下，邊走回家邊思索即將來臨的長冬；在近幾永晝的七月清晨睡醒時，看著斜照房內的微微陽光卻不感到心慌惱人；在不斷重複的春夏秋冬瑣碎日常裡，重新認識自己，那個曾經因為背載了過多的他人期待而沒有方向的自己。懂得和自己相處，你便找到了生活的模樣，不必為了滿足任何人而活著。於是，每個人都是如此獨立的個體，用自己的方式有距離地與城市裡其他個體共同生活。

這段如詩的描述，相當精巧地描繪了瑞典人際的幽微之處，為常常被誤會為「自我中心」的「個人主義」帶來了更深層的理解，也說明了為什麼這樣的「個人主義」和福利社會中的「平等互助」不但一點也不矛盾，而且可以說是源於同一種理性思考的結晶。

除了瑞典的風俗人情，劉先生更透過其深厚的社會歷練，帶領讀者一窺瑞典的企業職場日常、社會趨勢和文化底蘊。和他同樣長居瑞典的我，十分理解那種明知瑞典種種不完美，卻不由得患上「斯德哥爾摩症候群」的心情。《斯德哥爾摩宜居指引》沒有刻意美化瑞典，透過近距離的客觀描繪，反而更凸顯了瑞典真實的魅力。

目次 Contents

CHAPTER 2

顏色、性別與平權

CHAPTER 3

獨居之城

CHAPTER 4

瑞典不是烏托邦

CHAPTER 5 非主流瑞典

前言

我的斯德哥爾摩症候群

升大學前的一個夏日清晨，我難得地與爺爺奶奶一起去傳統市場買菜，那是早上七點鐘，已經忘了為何我會甘願早起出門，畢竟對於一個十八歲的小伙子來說，晨間賴床的美好無價。

熙來攘往的早市裡，嘈雜叫賣聲從四面八方飛來，對於剛睡醒的我來說就像永無止境的鬧鐘，每走一步就被迫變得更清醒一些；搭配著各種新奇又混淆的味道，終於讓從小過著少爺般生活、從沒踏進菜市場的我，從睡意中慢慢地醒了過來。

來到爺爺奶奶是常客的攤子前面，過於熱情的老闆娘用流利的臺語與他們交談起來，爺爺奶奶也用畢生學來的臺語開心地回應。我們家是客家人，在我爸國小時才舉家從美濃搬至高雄市，是高雄中期都市化發展之下的第一代移民；而我往後，也成了瑞典的第一代臺灣移民。

「哎呦，這個緣投的是誰？」討價還價告一段落後，老闆娘把焦點轉到我身上。畢竟在早七的傳統市場裡，一位穿T恤和牛仔褲的年輕人實在有些格格不入。「我們長孫啦，下禮拜就要去臺北讀大學了。」爺爺自然地切換回國語，讓臺語客語都一知半解的我能參與他們的對話。

「要到臺北去喔？哇不得了，一離開高雄之後，就會像一隻自由的小鳥一樣，一飛就飛遠遠、就飛飛飛、飛到看不見了喔！」老闆娘手舞足蹈地用鏗鏘有力的臺灣國語形容，生動得讓我們都笑了。

離開菜市場後，老闆娘過於宏亮的聲音仍在我耳邊徘徊。奶奶靠近我，再次講述了那個我出生時被人算命的故事，說我會如何離鄉背井、遠走高飛。當時的我，一方面還帶著起床氣、一方面被逐漸悶熱起來的高雄夏日氣溫搞得老大不耐。不過就是去趟臺北嘛，四小時多的自強號就到了（是的，當年高鐵還在蓋），哪有什麼稀罕的。

當時的我不知道，五年後自己會再次北上，拉著大行李箱搭上高鐵，最終到了桃園機場。就像菜市場老闆娘說的，一飛就飛遠遠。我跨越了歐亞大陸，落腳在一個遙遠冷僻的北國，一住就是十二年。

這樣遙遠的距離，搭載著對於家鄉愈來愈模糊卻純粹的想望，在瑞典每過一天，就彷彿與過往那個，不論是在臺北還是高雄的我，都更遠了一些；就像是在過往的記憶裡面又拿走了一塊拼圖。這十二年間，經歷了求學、求職、無數次搬家、多次更換工作、難以計算的旅行次數、春夏秋冬的變換、人際關係的來來去去、瑞典臺灣兩地的長途跋涉，在我繼續自信地往前走的同時，也經常想到十八歲時的我、那個做出決定要到臺北求學的我；以及二十三歲的我，那個選擇「飛遠遠」、飛到異鄉的我。寫下這段文字的當下，我也才驚覺，人生至此，我已有近三分之一時間都在瑞典度過，而這個比例，只會愈來愈高。

走進超商，我們可能有五十種飲料可選、二十種洋芋片可挑、六十種糖果可買，而每一個走進超商的人，都會做出不同的搭配與選擇。We are what we eat，我們的種種選擇，成就了我們是怎樣的人。二〇一一年，我選擇離開家鄉前往瑞典，把人生中最精華的年華給了瑞典，而這個決定，很大程度地影響了我的人生、我的價值觀、我的人際圈，也成就了今天的我。

我想把這十二年的經歷，連同四年來累積的文章、專欄與 Podcast，幻化成一本書，算是給自己的過往一個交代。書中的內容與故事，有我最關心的議題與親身體會的實際經驗。整理的過程中，我除了看見自己的成長，也漸漸體會到為什麼自己對那些議題向來特別關心，更發現了還有眾多需要去經歷與體悟的領域，譬如目前尚未累積到足夠的經驗可以談瑞典的教育與親子課題。而且，今天談的畢竟是一個國家，所需跨度實在太大；更精確地說，每一個談到的議題，都值得成為一本書。

整理跨越了四年的文章以及撰寫新文章時，我彷彿走進時光隧道，往昔的記憶，一幕幕都鮮明了起來，對於感受力與觀察力都特別敏銳的我來說，每個瞬間，仍歷歷在目。

某個周五夜晚整理文章到深夜，我在夢裡回到了在臺灣時的種種回憶。在沒有壓力的周六早晨迷迷糊糊醒來後，我有種時空錯置感。我怎麼會一個人，在這個遙遠的國度獨自生活著呢？

我還繼續在找答案。

CHAPTER 1

瑞典模式，啟動！

斯德哥爾摩各區指南

世界上每座城市都有調性。還沒來過斯德哥爾摩的人，可能覺得它平和靜謐、乾淨冷冽、不食人間煙火，但住過的人都知道，在斯德哥爾摩文靜的外表之下，其實城內各區的個性大不相同，也正是迷人之處。

瑞典首都斯德哥爾摩由大大小小的不同島嶼組成，居民們每天都在「跳島」，不管是搭公車或地鐵、開車或騎自行車，都要跨越不同的島嶼。

觀光客一定會拜訪的「老城區」，就是一座小小的島嶼，夾在北半島與南島之間，地理環境易守難攻，數百年來都是瑞典皇宮所在地，島上的建築物古色古香，每一棟房子的歷史統統是少則百年以上，整座島嶼就像一個文化保護區，大名鼎鼎的諾貝爾博物館就位於老城島中心。老城島遊客絡繹不絕，古典餐廳林立，當地居民總會盡量避免出入，畢竟是觀光區，價格高昂，觀光味又濃厚。

有次我去瑞士阿爾卑斯山區滑雪，飯店大廳經理是瑞典人，聊了幾句後，他說自己在老城區內有一棟獨棟房子。我聽了有些詫異，因為實在很少聽到有人住在老城島，也代表了大廳經理非富即貴。為何跑來瑞士山區旅館工作？他面不改色地說想遠離出身背景，體驗不同的人生。讓人聽了好生羨慕。

由於老城島自古以來就是昂貴的密集居住區，工人階級的居民便漸漸移居到老城島下方、面積大了好幾倍的南島。沒有傳統貴族束縛的南島發展出了自己的特色，成為一個帶有濃濃波希米亞風的嬉皮之島，二〇一四年還被《Vogue》雜誌評選為「歐洲最酷街區」，各種風格咖啡廳與餐廳林立，提供來自世界各地的異國料理，也呼應著島上居民的時髦和不受拘束的穿著打扮。南島的人口組成年齡偏低，入夜後，各類大大小小酒吧吸引著大量年輕人前來朝聖。在斯德哥爾摩若說自己住在南島通常會引發兩種反應，一種是「喔，看得出來呢」，另一種是「真的嗎？你看起來不太像呢」，在我看來是非常挑人居住的地區。

「看起來不太像南島居民」的人，普遍是因為整體散發的氣息與打扮太制式、太上班族、太安全且「太瑞典」，卻又還不到有錢人或貴族的氣質。他們通常出沒在國王島，一個面積比南島稍小、位於南島西北邊的島嶼。國王島居民的平均年齡比南島稍長，屬於中產階級單身貴族與小家庭的居住區，我就住在這裡好多年。

國王島是兩線地鐵的交會區，又有多條幹線公車，交通很方便，吸引不少中產階級上班族移居，雖說是一個島，但搭公車到商業公司林立的中央車站也不過是十分鐘的事；搭地鐵到城市北邊的科技園區則約十五分鐘通勤時間。

國王島上有大大小小的公園，又近水，可以沿著水邊一路散步到公園，吸引了許多有小孩的家庭，但畢竟房價不算低又寸土寸金，當小孩來到一定歲數或家中成員日漸眾多，除非有雄厚財力可以在國王島上購買大公寓，否則就是搬家時刻了。若是自己一個人居住，當累積到一定的薪水標準，或許也會進階、搬到下一個目的地。

瓦薩坦（Vasastaden）就是一個好選擇。此區位於斯德哥爾摩主要半島上，有大型公園、醫院、各種知名餐廳與咖啡廳，生活機能完善，街區規畫整齊漂亮，靜謐又祥和，既沒有南島的隨興與喧囂，也沒有國王島因為轉車而帶動的通勤人潮。

南島和國王島屬於傳統定義的城市之內，瓦薩坦則是毫無疑問的市中心，走路就能前往熱鬧擁擠的中央商業區。雖僅一水之隔，瓦薩坦的房價與國王島相比卻有明顯差距，沒有一定財力，很難負擔。我身邊有些朋友原本住在國王島，幾年後有了一定資本就搬到瓦薩坦，一方面是更中意瓦薩坦的居住環境，一方面也是身分與地位升級的象徵。

然而，若要談身分地位，斯德哥爾摩市區最高階的非東區（Östermalm）莫屬。東區是傳統上有錢家族與地位顯赫人士的居住地，走在街上，從一棟棟建築物的外觀就能得知，全是非常有歷史的古典建築並維持得盡美盡善，絲毫不馬虎。不只建築，從街區的規畫到店舖的設置，在在顯示著此地的富貴氣息。

除了建築，最能體現東區特色的便是人口結構。與南島的波希米亞文化大熔爐相比，東區的白人比例相對高很多，金髮的比例更是明顯，往往讓我走在東區時深深感到自己的不同。

有個同事是伊朗裔瑞典人，雖然在瑞典出生，仍然經常為自己遭受的待遇所擾。他靠著自己的努力當上醫生後，搬到了上流社會聚集的東區，有次回家在大廈玄關碰到一位瑞典老先生鄰居，問他是不是來送外賣的，讓他生氣又無奈。

二〇一一年我初抵瑞典，在斯德哥爾摩大學攻讀媒體碩士。斯德哥爾摩大學的特別之處就是除了主校區之外，各個學院和學系散布在城內各區，我就讀的媒體學院正是位處東區，鄰近瑞典廣播電臺與瑞典國家電視臺。當年我初來乍到，面對東區的高貴氣息，總有些畏懼和不適，特別是高昂的物價，不管是咖啡還是午餐，都讓身為學生的我吃不消。現在就算有了一定經濟基礎，還是住不起東區，偶爾要去拜訪住在東區的朋友，我都會戲稱自己是特地「出國」，還好兩地之間不需要簽證。

無論是老城區、南島、國王島、瓦薩坦還是東區，雖然文化有所差異，其實地理位置非常鄰近，往往不過幾站地鐵的時間而已，居住人口仍以瑞典白人居多，人口比例也相對穩定。若往郊區移動，則會漸漸看到不一樣的風采。

以斯德哥爾摩北郊來說，高比例地聚居著來自敘利亞、索馬利亞、伊拉克、阿富汗、伊朗等地的第一代與第二代移民，大多有難民背景。城市南郊某地鐵站附近，有著全瑞典最密集的土耳其裔人口，要吃最道地的土耳其料理就要去那。市中心邊緣但還不到郊區的索爾納（Solna）則因課稅較低（瑞典的稅務算法下放給區政府決定，好比大安區與萬華區的所得稅率就不相同），交通又相對算方便，一度吸引大量中國移民聚居，不過幾年前此區房價開始攀升，有了孩子的中國家庭慢慢搬往郊區的大房子。斯德哥爾摩往南不遠處的阿維斯尤（Älvsjö）則在近幾年成了全瑞典最密集的臺灣人聚居地，有近十戶臺灣人家居住，頗有「小臺灣」的規模，可以考慮開鹽酥雞與珍奶店了。

市區與郊區的認定會隨著時代而更迭。舉例來說，高級的瓦薩坦旁邊有一區被稱為

「西伯利亞」。今日該區房價高昂，十九世紀末期卻因遠離市中心（以今天的標準來看，不過是開車十分鐘或走路二十五分鐘的距離），又是貧窮階層的聚居地，因此得名，彷彿是邊疆流放之地。我有朋友住在此區的大型豪華公寓，每年夏天都會舉辦「西伯利亞派對」，用幽默的方式高調紀念與慶祝該區歷史。

還有一些郊區雖然遠離城市，卻是富人們的居住地，譬如利丁厄市（Lidingö）就是一個有錢人比例相當高的別墅區，沒有一點財富背景很難進駐。利丁厄同時也是一個島，與市區內其他的島不同，交通不是太方便，居民都習慣開車或坐計程車進出。市政府多次想規畫地鐵進入利丁厄，最後都不了了之，大概是居民們想維持秩序，不想讓普羅大眾進進出出吧，簡直就是斯德哥爾摩的天母。

利丁厄再往北不遠處的 Djursholm 是個半島，也是全瑞典平均收入最高的地段，風景優美又近水，搭配天價建案，對外交通同樣不便，讓一般人卻步。Djursholm 住了不少外國菁英，大多是外國企業派駐瑞典的高階資深主管。我在巨型美商工作時，北歐區總裁就落腳於此。

還記得某個上班日早上，我要去總裁家做內部採訪，沒車的我費盡千辛萬苦終於到了 Djursholm，按照約定在某咖啡廳等總裁開車來接我，因為他家在湖邊，沒有任何公

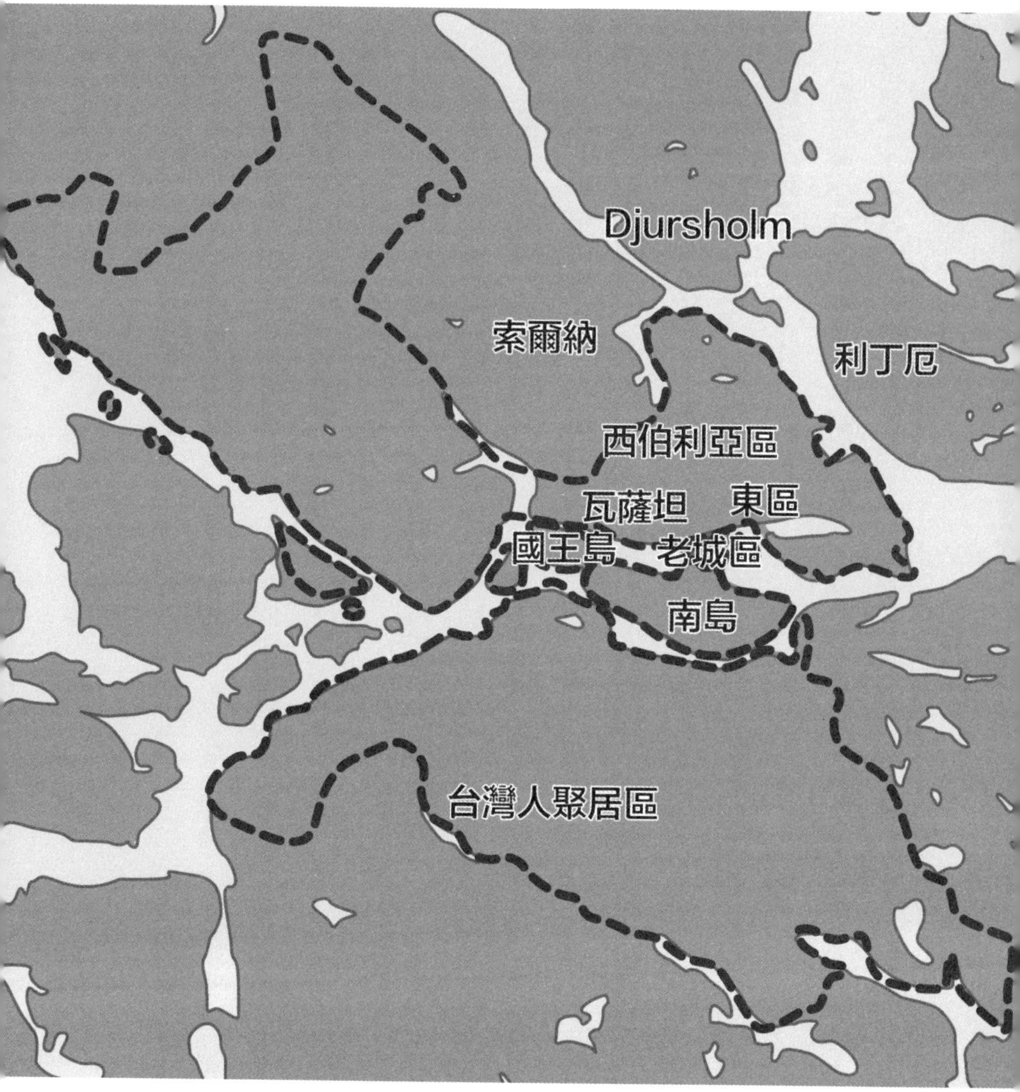

黑色虛線內為斯德哥爾摩市（被斯德哥爾摩省包覆著）

車抵達。我在咖啡廳內坐了下來，陸陸續續有不少打扮精緻、一大早就妝髮完整的貴婦光臨，全部操著一口美式英文、拎著一只高貴的包包，再牽著一隻狗，邊等咖啡邊互相寒暄，一路從丈夫經常加班暢談到打算什麼時候回美國探親，話鋒一轉又說周末要去參加哪一場慈善募款晚會。聽著這些美國高管的太太們談話，有那麼一刻，我忘了自己人在瑞典，彷彿身處西雅圖或矽谷高級社區。

某次我和一位住瑞典好幾年的美國企業家相約在國王島的酒吧喝一杯，幾杯酒下肚後，他對我說：「你看看四周，大家都和我說這區很不錯、地段很精華，但完全比不上美國灣區那些最精華的地段啊，怎麼比嘛！」我露出不失禮貌的微笑，緩緩地說自己就住在這一區，很喜歡，覺得很寧靜又方便。不投緣的人聊三句都嫌多，酒杯見底，我提議離開。我問他是否搭地鐵回家，他露出困惑的表情：「地鐵？地鐵是給平民百姓（commoners）搭的，我是美國人，不是開車就是搭計程車。」同樣是在瑞典的外國人，我們卻有很不同的生活習慣與人生情調，這大概正是與人交際的有趣之處，當每個人都一模一樣的時候，世界就失去風采了。

斯德哥爾摩雖然是瑞典首都與最大城、也是北歐五國裡面最大的城市，但以人口或面積來說，在世界上都算是規模偏小。這樣一個小小的城市裡，孕育了一批又一批大相逕庭的人們，用各自的方式生活著，雖然街道外觀差異不是太大，但可能只要五站地鐵站的距離，就能進入一個新的人文風景；若離開了這座城市，又被瑞典其他地區的人們統稱為首都人。到底是城市的人們造就了這座城市的風采，還是城市賦予了其居民該有的風采呢？

不搬一次，不長一智

在斯德哥爾摩十二年，我搬過七次家。這當中有學生房、有租屋、有買房賣房，每一次都告訴自己不要再搬了，但每一次都失敗。

住房這間事情嘛，就像瑞典其他事情一樣，與臺灣人的理解有滿大的落差。臺灣是房東的天下，各式類型的房屋，從小雅房到套房到豪宅，統統可以租；但在斯德哥爾摩，租屋非常難，向來供不應求。

二〇一一年確定前往瑞典求學後，斯德哥爾摩大學發了一封信，半威脅式地警告我一定要即刻開始尋找租屋，還要小心防不勝防的詐騙。當年的我仍抱著臺灣式思維，想說不過就是租個房間嘛，能有多困難，毫無頭緒地搜尋了一周後，卻著實被那不合理的價格與完全看不懂的瑞典文嚇到，重點是房源非常稀少。就在我開始焦急時，學校再次來信，說可以保障歐盟外的國際學生最多一個學期的學生宿舍優先權，讓我大鬆一口氣。學校如此做法是吸取了前車之鑑，因為就在前一年，眾多國際學生真的是找不到落腳處，乾脆在校園內搭帳篷度日，全瑞典最大的學術殿堂頓時成為國際高材生的大型露營地，讓學校好不尷尬。

來到瑞典一陣子後，我開始租房子，雖然偶有差點被詐騙的經驗，大致上還算順利。然而，許多有法律效力的租屋合約往往以一年為限，住個半年或八個月就要開始尋覓下一個落腳處，總感覺不到踏實的穩定。

有趣的是，瑞典種種租房現象的成因，居然來自政府為了確實保障人民的住房權利而設下的規定與限制。譬如，政府不想大家炒房，於是只有本國居民有資格買房，而且一個人名下最多一間房子；想買第二間房子不是不行，但銀行貸款不會太容易。除此之外，政府不想要大家因為成了專業包租公、包租婆而賺取非勞力所得，因此設下了租約一年一簽的規定，並非不能延長租約，但是非常麻煩。種種限制之下，造成了瑞典買房易、租房難的現象。

在首都租房子有多難呢？

首先，你可以申請入住由各地政府的租屋局（Bostadsförmedlingen）管理的公租房，前提是你願意等、也不計較地點。申請時，每年要繳約臺幣六百塊的排隊費。首都斯德哥爾摩的排隊情況向來嚴重，平均等待時間長達十年，有些熱門好區譬如東區甚至需要排二十六年。很多瑞典父母從孩子很小的時候就開始排隊，畢竟公租房物美價廉又有房租管控，還能長期租賃，好處多多。另一方面，雖然政府積極規劃建造更多公租房，仍然趕不上首都從未減弱的人口吸力，身為外來人口，租不到公租房，正常。

排不到政府的公租房，自己找私人租屋總可以吧？事情也沒那樣簡單，主因是房東沒那麼容易當，所以市場上可供出租的房子沒有你想像的多。

假設你有一間空閒的公寓，並不是想出租就能出租。首先，你得先通過社區管理委員會的核准。瑞典的管委會可是管山管海，小到社區的居民公約、垃圾分類，大到社區的財務規劃與修繕工程，都是他們說了算。管委會的成員都是你的鄰居，是被遴選出來的且支薪，而在他們熱心公益的服務精神背後，還充滿了瑞典式的守法盡責與公平嚴謹。

你若想把公寓出租，申請管委會的核准時，可不能是「商業」理由。也就是說，若你出租是為了多賺點外快，那馬上就會被駁回申請。理由必須是私人的、無可奈何的，比如說你因為已經退休了，想搬到鄉下小屋去住；或是想把公寓租給自己的孩子、有血緣關係的親戚；或是因為工作需要出國。最常見的理由則是要搬出去和男女朋友同住，但不確定是否會成功，因此要「試試看」，若進行得順利就會賣掉公寓，不行就會搬回來住。

總之，由於政府規定與房東不易當，瑞典的私人租賃房屋往往是有期限的短租，從一兩個月到最多一兩年，總沒有踏實感，房東與管委會還能用正當理由要求你搬走。在經常必須重新開始尋找租屋的冗長循環之下，等終於存到一小筆錢，工作和生活也夠穩定之後，你會想都不想地投入買房市場。

瑞典的房價如何呢？以首都白領中產階級聚集的國王島中心點「Fridhemsplan」為例，一間個人居住、一房一廳的標準三十八平方公尺（約十一坪半）小公寓，二〇二三年夏天要價約一千一百多萬臺幣。乍聽之下似乎很貴，但斯德哥爾摩的平均月收入約為臺幣十一萬，扣掉平均約三十二%的所得稅後，算是負擔得起的房價，況且也不是每個人都會買在國王島這種精華區，若往郊區走，房價更好看。

通常來說，畢業生工作四年後，存到足夠的現金支付首付（總房價十五%），就會投入擁房市場了。一直到俄烏戰爭爆發之前，瑞典都是實施負利率政策，房貸利息普遍在一%至二%之間，滿一定貸款比例後，甚至不用歸還本金。

根據歐盟統計局（Eurostat）的資料，瑞典的買房率是六十四％，大多是自己居住。比例低於歐盟平均的六十九％。另一方面，大量由政府建造的公租房不納入此計算。

而說到買房子，其實是許多外國人剛開始時很難有頭緒的事。

你以為你要買房子了，實際上你即將買下的是這間房子的「居住權」，因為廣義上來說，幾乎所有的公寓都是政府擁有，你投擲畢生積蓄得到的安身立命之處，最終還是政府的，你只是買到了住在裡面的資格。

初次聽聞此一制度，我心想，這體制實在太社會主義、甚至接近共產了！但真正深入了解並開始準備買房子時才發現，這是一個用社會主義包裝，實際上超級資本主義的制度。

買賣公寓，首先要找到合意的房仲，他們會幫你把房子拍得美美的，照片丟上網，宣布哪一天幾點幾分開放參觀。參觀往往不過半小時、一小時，但隔天就可任由所有參觀者用手機簡訊出價競爭，好物件往往一天內完成競標，出價最高者當天就會被要求馬上飛奔到房仲辦公室簽約，否則房仲就會聯絡第二高價者，看看對方是否不甘心、想往上追加。斯德哥爾摩房市火熱到不行的那一年，熱門地段的好公寓經常在指定參觀時間之前就被砸高價直接買下，連看都不看，畢竟好物件有限，想買就要打鐵趁熱。

這一切對我來說實在不是太合理——最多只有三十分鐘，就得決定是否該砸下超過千萬臺幣擁有一間十二坪的麻雀公寓！光想都覺得刺激。至於電路有沒有牽好、水管有沒有問題、木質地板牢不牢固、隔音夠不夠完善，都像是一場賭注，反正你不要，別人還是搶著要。首都地區從不停歇的人口移入與尊貴區段一戶難求的雙重加乘作用之下，老練的買家經常直接在底價上一口氣砸百萬臺幣，嚇走其他虎視眈眈卻財力不足的掠食者。如此買房流程，市場主宰、市場決定一切，政府很少插手。

另一方面，由於居住這檔事畢竟屬於基本權利，給國民可安身立命的家，對政府來說仍然重要，因此就算是首都的郊區，大眾運輸依然便捷，生活機能同樣應有盡有，房價相對穩定可負擔；但若想挑戰精華地段，不管是為了便利還是要築巢引鳳盼得好緣分，那就是各憑本事了。

二〇二〇年春天，我打算賣掉離市區較遠的公寓，換一間坪數較小但位於市中心的小公寓。我開始密集看屋，穿梭在一個又一個人的家裡，想像自己在此起居的模樣。老實說，其實也沒太多時間可以想像，短短幾十分鐘萍水相逢，隔天便得與所有求愛者價格廝殺，在一萬又一萬瑞典克朗的向上追加當中，漸漸放下心中石頭，轉身離開，尋找下一個「家」。

這是我在斯德哥爾摩第二次買房子了，經過多次實戰，也開始變得老練起來。和房子見面時，專心感受的往往已不再是它的氣質與靈魂，而是自己養不養得起它、配不配得上它。公寓愈高愈多人愛、愈大愈貴、西晒房又是眾多瑞典人的鍾愛，即便內心偶爾也想不秤斤兩地「拚拚看」，最後往往被價格弄得遍體鱗傷，黯然退出。

第一次買房子時只求有地方住就好，這次是第二次，我想換到自己真正喜愛的。雖然瑞典的房價與收入比例算是穩定可負擔，但在首都寸土寸金的年年飆漲變形後，即便碰上疫情，蛋黃區與蛋白區的房價仍然屹立不搖、傲視全瑞典。而要求眾多如我，採光好不好、房型合不合理、是否緊鄰大馬路、樓層夠不夠高、有沒有洗碗機和洗衣機，過濾種種條件之後，全是自己無力所及的選項，實在難覓。

偏偏我的個性總想挑戰自己可能得不到的，在邊緣中奮力向上躍進。

我不自量力地跑去高貴的東區看房子，路上一個個精緻又氣宇軒昂的人與我擦身而過，穿著簡便卻氣質出眾、靜謐的公園裡鳥語花香，滿足了雜誌上各種美好瑞典都市生活的想像。雖然社區小餐館的價格嚇人、連鎖超市的蔬果價格硬生生比其他區貴一成、公寓裡頭的臥室小得難以轉身，我還是鼓起勇氣，給了房仲一個自己得賭上此生所有積蓄和投資的價格。

西裝筆挺的房仲給了我一個油滑的露齒一笑，自信卻不失禮貌地說，謝謝你讓我知道，我會把你介紹給同事，她那邊有更適合的物件。

有夢依然最美，希望是否相隨，再議。

你不能在我家吃晚飯

號稱「美國ＰＴＴ」的網路論壇 Reddit 上曾有一篇關於瑞典的貼文引發眾人議論，連臺灣都有媒體報導，該貼文引發的文化衝擊，就連經常為同一陣線的其他歐洲國家都感到詫異。

那篇貼文的作者邀請大家分享去別人家作客時遇到的最奇妙經驗，其中一則關於瑞典的回覆成為焦點。回文者寫道，小時候去瑞典同學家裡作客，晚餐時間卻必須在同學房間裡等他們全家人吃完飯，自己並沒有受邀吃飯，讓身為外國人的她深感錯愕。

此文一出，許多人覺得不可思議，更多人想求證真偽，多數瑞典人則覺得非常正常，並無不妥。

東亞文化向來認為來者是客，要好好款待；更別提臺灣了，就算你今天兩手空空去別人家，主人依然盡情款待。同樣情境放到歐洲，絕大多數南歐與東南歐國家都有和東亞國家一樣的好客文化，但愈往歐洲北部，好客之情益發淡薄。

我人生目前為止有近三分之一時間待在瑞典，對於這種「你可以來我家玩，但不能在我家吃晚飯」的現象，其實並沒有感到很奇怪，卻非常了解臺灣人的不解。身處兩種文化之間的我，經常需要一點時間才能轉換心態，設身處地了解兩方的掙扎。

我記得臺灣的新聞底下有一位非常疑惑的網友留言：「我以為北歐國家講求人人平等和博愛，怎麼會讓人餓肚子呢？」

事實上，正因為瑞典講求平等，才會如此。

瑞典人重視家庭生活，晚餐是一天當中的重要時刻：全家人忙碌了一整天後，終於能夠一起坐下來用餐，好好享受親子時光。因此，在尚未徵求別人父母同意之前就先餵了別人家的小孩，等於破壞了別人家的餐桌時光；背後更嚴重的意義是，你默默侵犯了別人當父母的義務和責任。

在講求公平的瑞典社會，最基本要求就是盡到自己的責任，當你在尚未徵求別人的同意之前，就以自己認為的「好意」幫忙他人，事實上只是增添了別人的麻煩。

此外，每個家的飲食習慣都不同，你怎能確定別人家裡是否吃猶太餐、吃無麩質、素食還是純素呢？在沒有辦法完全確定對方小孩的過敏狀況之前，擅自餵餐是很有風險的。

「你不能在我家吃晚飯」背後最深層的意義，則與幾乎深植在瑞典人心中的「詹代法則」（Law of Jante）有關。詹代法則可說是瑞典的立國原則之一，主要精神在於「我沒有比別人好，他沒有比別人優秀；我們沒有比他們好，他們沒有比其他人優秀」，謙遜地強調人人平等。如此脈絡之下，擅自餵飽別人家小孩，顯現出來的可能是你覺得你比較有能力，因此「順便」幫忙餵一餵別人的小孩。

某次和臺灣好友談起，身為媽媽的她不可思議地瞪大眼睛：「瑞典人有被害妄想症嗎？會不會想太多？有哪個父母想讓小孩餓肚子？」但這就是各國文化有趣的地方，我們的理所當然，在別的文化裡是不可思議；反之亦然。

就像臺灣有引以為傲的人情味，對於真心交往的朋友，再怎樣盛情款待都不為過；瑞典人則不喜歡欠人情、欠人錢，連欠酒都不願意，因為那會把自己放在較弱的位置，需要快點償還以示公平。當你在同學家玩得比較晚卻還不想回家時，就要尊重同學家的晚餐時間，乖乖待在同學房間裡，等他們全家人吃完飯再繼續玩。從小到大都習以為常的事，就比較不容易感到有壓力。

某次我和同事討論到這個話題，他給了我另一個觀點。同事是瑞典中部人，瑞典中部介於地廣人稀的嚴寒北部之下、多元文化且交通便捷的南部之上，從任何角度來看，都是一個文化同質性與純正性較高的地區（有些來自瑞典中部的人甚至自詡家鄉有最純正的瑞典文化，但這樣的說法實在有點政治不正確，因此默默放心裡就好）。

同事說，住鄉下的他們向來都是半個月才大採購一次，而且每次採購的物品都是一樣的、數量也算得剛剛好，省去麻煩之外也能避免浪費。要是今天忽然有別人家小孩要吃飯，除了要尊重對方父母，更有可能發生的情況是家中根本沒有足夠的食物。同事開玩笑說，如果當晚要額外準備一份孩子的餐點，那就意味著要吃掉我未來的某一餐。

我想起有位朋友曾經抱怨，每次和丈夫去公婆家吃晚餐，隔天公公總會貼心算好前一天晚上的分攤費用，再請兒子或媳婦轉帳給他，既公平又兩不相欠，分得清清楚楚。「這到底是『消極式的積極』提醒我們太常去他們家吃飯，還是單純覺得使用者付費呢？」朋友挖苦自己地說著。

不過想想還是不錯呀，只收食物錢，電費廚師費都省了，大概比上餐廳還便宜呢。

一起工作、一起桑拿

在瑞典，各種關係的時間段往往畫分得很清楚。父母在孩子過了十八歲後義務已盡，期待孩子開始獨立；伴侶之間時間到了就會步入婚姻，不過以同居關係養育孩子也不是什麼大事；所謂的朋友多半是許多年、甚至從小到大的深交；同事則是工作時間才需要見到的人，私下不用特別經營關係，但是上班時間見到彼此的裸體沒關係。

對，你沒有讀錯，我在瑞典待過這麼多間公司，大概只有任職美商期間沒有這種經驗，其他都有和同事一起裸體的經驗：蒸桑拿。

瑞典人出了名熱愛運動，而且是一有機會就要運動。箇中原因當然很多，撇除生活單純（接近無聊）之外，也熱愛親近大自然。夏天可以去湖裡游泳，冬天可以冰泳，一年四季都可以騎腳踏車上班，冬雪真的很厚時，仍然可以越野滑雪、室內攀岩，或在健身房裡努力流汗。

在瑞典上班經常有一種和時間賽跑的感覺，因為對很多瑞典人來說，工作只是工作，拿多少薪水做多少事，這並不是不負責任，反而是一種公平的表現。五點下班時間一到，最常看到的景象是大家背起健身包，朝離公司最近的健身房或其他運動場地走去；或是一大早進公司時，看到剛剛騎腳踏車來的同事準備去淋浴間換裝；還有風雨無阻、幾乎天天背著電腦包跑步上班的同事，像是修行般地實踐著每天必定晨間運動的承諾。

上下班時間都是獨自運動，若想和同事互動培養默契，卻又想避免一直交談的尷尬，一起運動就是個非常完美的主意。

我第一次和一大群同事一起運動是在漫長又黑暗的冬季，這段時間的瑞典既缺乏日照又極為寒冷，上班很容易無精打采，同事便安排了一場午餐時間的室內跑步訓練。中午十一點半一到，二十幾位同事紛紛拎起健身包，興致勃勃地前往公司旁邊的健身房換裝，再遵循教練的指導，大家一起在跑步機上奮鬥、集體流汗，是種非常不一樣的體驗。

結束短短三十分鐘衝刺後，十幾個男人抓緊時間衝進更衣間脫得精光、快速沖澡，然後像擠沙丁魚一樣地擠進淋浴區的小小桑拿房，恨不得把剛剛還沒有流夠的汗用最短的時間擰出來。

帶著運動後的暢快，大家的心情全開朗了，一邊流汗一邊聊自己最近忙什麼案子，順便八卦一下管理階層的誰誰誰可能要被炒了。七嘴八舌閒聊中，坐我旁邊剛搬來瑞典沒多久的荷蘭同事問我：「你們在瑞典經常和一整群同事裸體蒸桑拿聊天嗎？」

這是一個有趣的問題。我其實連想都沒想，覺得反正入境隨俗，大家怎麼做我就怎麼跟，多少也帶著不想給人「閉俗亞洲人」的刻板印象。哪知在荷蘭同事眼裡，這竟然成了一項文化衝擊。

「我完全沒有準備好要和每天坐我旁邊的人一起裸體談公事！」他說。

而說到桑拿這項瑞典全民熱愛的活動，意義其實非常深刻又多面向。

桑拿除了有健康功效，還能讓人在漫漫長冬裡感受熱氣蒸騰的痛快。並不是只有冬天才能桑拿，在瑞典一年中最重要的節日——仲夏節期間，風和日麗的午後，微醺的男男女女湖邊游泳之後，也會一起蒸桑拿（傳統上來說，仲夏節之夜其實就是生育之夜，看看那支最著名的仲夏節之柱就不難明白，因為其形象正是來自陽具）。

歷史悠久的傳統當然有專屬的禮節與文化。就像在日本泡溫泉要先淨身再裸體入池，蒸桑拿也一樣，畢竟是公共設施，總得先把一身汗沖掉之後才衛生。不過，每種文化對公共裸體的包容度不同，譬如阿拉伯世界的人因為宗教約束，偶爾會看到他們穿著溼漉漉的內褲蒸桑拿，雖然違反桑拿禮節，基於禮貌和政治正確，也不好去指教他人。

如何正確使用桑拿尤其需要注意。譬如覺得桑拿房內不夠熱了，想多加點水，首先要問問房內其他人是否能夠再加一點水，因為大家感受到的溫度不一樣，要先替他人設想。大家都同意加水後，該加多少水也是一門學問，太少的話自己感受不到，太多的話讓大家都燙得受不了。瑞典的「Lagom」哲學此時就派上用場了，這種講求不多不少、剛剛好的藝術，要貼心又設身處地，心裡抓個大概的平均值。

我倒是在健身房的桑拿室碰過一個比較奇妙的人，除了沒問房內其他人是否要加水，一口氣加個十勺水，搞得整間房充斥滾燙熱氣之後，他自己見狀卻跑出去沖涼，等房內熱氣散盡之餘再進來，舉動自私，讓我每次看到是他在桑拿房裡就決定今天不蒸了。周間下班時間來運動的都是固定班底，久而久之，經常看到只剩他一個人在蒸桑拿，大家都對他避而遠之，沒有人想被烤熟。因為蒸桑拿而搞壞了名聲，也算另類社交成就！

桑拿房雖然不是瑞典生活的必須品，但是非常常見。大部分的健身房淋浴區都有桑拿房，高級飯店裡也有。如果住獨棟房子，在自家蓋一間桑拿房，平時既自用也可以款待客人，更是稀鬆平常。有些公寓社區內也設有公用桑拿房。桑拿房文化已成傳統，瑞典人從小和父母一起蒸桑拿、學習桑拿禮節，一代代地傳承。

最後必須補充，桑拿並非瑞典專有的文化，如果瑞典人說桑拿是瑞典發明的，向來沉默寡言的芬蘭人會第一個跳出來吵架，宣稱芬蘭人在兩千年前就開始蒸桑拿。

瑞典特產：被動式攻擊

在瑞典，一棟公寓通常是三到五層樓，一層約莫兩戶到四戶人家，大概兩棟到五棟公寓共同形成一個「社區」。每個社區除了得向政府註冊，也會選出支薪的管委會，負責管理社區裡從垃圾分類、採買到社區秩序等事宜。

我的公寓在市中心一處靠水又安靜的社區，位於一樓靠內庭花園那側，平常非常靜謐，鄰居們也擁有良好共識，一起維護這個大家共同度過春夏秋冬的空間。

風和日麗的夏季，不少鄰居會邀三五好友在社區花園用餐喝酒。社區公約要求大家在晚上十點前結束，才不會吵到鄰居，尤其是一樓面向花園那幾戶，也包含我。

某次，鄰居的宴會一路持續到凌晨兩點，還播放音樂，讓我實在難以入睡，卻又不知該如何是好。隔天，睡眼惺忪的我寫了信給社區管委會主委陳情，他回覆深感抱歉，也說會加強宣導。

「如果你在瑞典出生長大，就會知道要用什麼方法對付這樣的狀況了。」我把事情經過和朋友說，他大笑之後喝了一口酒，緩緩道來。「我爸曾經半夜站在窗戶旁邊，用窗簾遮住半邊身體，直狠狠卻完全靜默地瞪著那些發出噪音的人，直到有人看到他為止。然後他們就默默收拾離開了。」

這畫面實在讓我很難不噗哧一笑，若在臺灣遇到這種狀況，應該都被嚇到要去收驚了吧，但在瑞典，這大概就是所謂的「被動攻擊型行為」具體展現之一。

來到瑞典的外國人或多或少都曾體會「被動式攻擊」（passive agreesive）的威力，其威力簡直是無所不在、方方面面地融入了瑞典心態。「被動式攻擊」是一門委婉拒絕別人、告訴別人你不認同他們，卻又不失優雅與風度的藝術。因為對瑞典人來說，要他們當面拒絕一個人、直接 say no，會讓他們既緊張又不自在。

我在某間小公司任職時，大家共用一個廚房，冰箱裡擺滿了大家的午餐、飲料和食物，稍不注意就很容易有異味，特別是起司類。某天，冰箱上貼了一張小紙條，好意提醒大家，若冰箱內的藍起司是屬於你的，請務必用密封容器裝好，或是考慮不要再帶來公司，因為濃厚的氣味已經在整個冰箱內散發開來，影響其他人的食物。有趣的是，大部分的人都知道藍起司屬於哪一位同事，可沒人敢當面告訴他，只好用這種被動的方式來提醒。

便條紙也經常出現在瑞典公寓的洗衣房。很多瑞典住家沒有安裝洗衣機、烘衣機，公寓一樓或地下室通常設有公用洗衣機與烘衣機，所有住戶都能訂時間使用。有一次我看到洗衣房門上貼著一張匿名便條紙，上頭寫說，某天某時段的住戶應該在使用完畢後把環境清潔乾淨才對。要查出該時段的住戶是誰不是件難事，大家訂時間都會留下紀錄，可是沒有人想直接告知該住戶。

其實有時候，比起一對一當面告知，我反而覺得這種「昭告天下」式的做法更讓我感到不悅，但或許這就是被動式攻擊的真諦？不想打破現狀、也不願起衝突，於是寧願讓對方更加尷尬都還是不要直接面對面。

在被動式攻擊法的使用範圍內，若不得不與人一對一正面交鋒，同樣是一門非常微妙的藝術。

有一次，我想了解瑞典籍主管是否已經讀了我寄給她的企劃書，因為我隔天就要送出去了，工作繁忙的主管或許被我直球對決的訊息惹到，淡淡回了一句：「如果你看過我的行事曆就會了解，我這周忙到連吃午餐的時間都沒有，因此沒有時間讀你的企劃書。」收到這句話，我只能摸摸鼻子自討無趣。其實主管只要簡單回說她這周沒時間就可以了，畢竟我也不會有時間專門查看她的行事曆。

疫情前居家上班並不普及，某一年，社區要換網路供應商，預定在上班日前往各戶人家安裝新網路。我那陣子工作繁忙又頻繁出差，根本無法在家等工人來，好不容易排出了一個時段，偏偏當天公司有急事，必須立刻趕回辦公室，就這樣錯過了指定安裝時間。

我寫信給管委會主委，希望他重新為我安排一個新時段，倘若不方便的話，我再自行和網路公司聯絡。等了好幾天，主委回覆：「如果你當時沒有錯過的話就太好了。請自己聯絡網路公司。」讀完信的我只能聳聳肩。其實這封信只需要直接拒絕我，請我自行解決就好了，不是嗎？

要知道，瑞典人是非常在意秩序與規則的民族，這種「已經幫你安排好了但你卻不照規定走」的行為要是讓他們逮到機會，不教訓一下對方，就是對不起瑞典嚴謹的民族性。

如果世界上有一本「被動式攻擊祕笈」，書中較高段的章節應該叫做「拖延為上策」，最高段的章節則會是「不理不睬最痛快」。

既然都叫做「被動式」攻擊，當然不能顯得太積極，最常見的例子就是工作上的拖延。瑞典人的個性是吃軟不吃硬，針對那些咄咄逼人要求加快進度的老闆，他們乾脆搬出各種理由拖延工作進度。在瑞典，老闆無法像在亞洲國家般對員工施壓，只能有苦往肚裡吞，員工做不完就自己做。

若面對的是那些沒有直接利害關係卻又問事態度不友善的同事，乾脆就把對方的郵件當空氣。等到對方見到你，問你有沒有讀到那封郵件，便拿出一副很無奈的樣子說，最近實在太忙了，還沒有機會消化郵件，等有空時會一併處理。

來瑞典之前，我是那種追根究柢、打破沙鍋問到底的人，現在早已在地化，畢竟置身瑞典也已數十年，而且是從很年輕的二十三歲就來了，該調整的心態都已到位，已能雲淡風輕地把過往經驗看作是學習，也了解這是瑞典的民族性使然。

不過，終究不是每一個人都接受瑞典如此淋漓盡致的被動式攻擊法。

我有一任主管是美國人，直來直往，因為不滿供應商不斷用被動式攻擊法拖延案子進度（因為供應商覺得我們的錢付得太少），便把供應商叫來開會。會議中，美國主管先寒暄了一下、談了談天氣和假期計畫，正當對方還聊得很起勁，以為今天這場會議很輕鬆時，他冷不防地說：「好了，我今天的『瑞典額度』已經用完了。我不是瑞典人，我不吃你們這一套，我就直話直說了，如果你們下周還是不能交付案子的話，我們就終止合作關係吧。」我聽完當場愣住，供應商則不疾不徐地關上筆記型電腦，面帶微笑地說，不如我們今天就終止合作關係吧，不用再浪費彼此的時間。

說到底，被動式攻擊的精髓是好牌留到最後出，表面上看起來毫不在意，實際上已經摸透了情況、準確算計。不撕破臉的相處模式，才是最需要費盡心力的賽局。

「剛剛好」的中庸之道

瑞典被認為是國際社會的模範生，不論是人類發展指數、性別平等、國際聲譽、永續發展等，各項排名都名列前茅，國際新聞上不乏眾多稱讚瑞典的版面，甚至一度被稱作是人類史上最接近烏托邦的社會。這個人口直到二〇一七年甫破一千萬大關的「小國」，孕育了全球家具龍頭IKEA、時尚成衣大廠H&M、串流音樂Spotify、老牌車商Volvo、家具商伊萊克斯與電信設備龍頭愛立信。

擁有多項傲人成就與世界第一如此顯赫的「家世」，讓許多國家都想複製瑞典的成功經驗，事後卻發現此路似乎只在瑞典通。也有不少和瑞典人打過交道的人和我說，瑞典人好難懂。每個國家呈現的現況、美好與不美好，其實都有背後的歷史與人文因素，若想深入理解瑞典，可以從他們奉行的核心價值開始探討。

瑞典語裡有個詞被奉為生活圭臬——「Lagom」，指的是一種不多不少的哲學、只要剛剛好的學問，一門追求平衡的藝術。「Lagom」貫徹在瑞典生活各種層面，也根深柢固於瑞典人做決策的行為之中。瑞典人經常開玩笑，填問卷時，一分到五分的評比，通常會避填一與五，在二三四徘徊，不喜歡給出極端的答案。

我覺得最接近 Lagom 的中文翻譯可能是「中庸之道」，此精神在瑞典人的團體相處中體現得最為明顯：要保持和諧、融入不突出。舉例來說，一大群人參與的跨部門會議裡，每個人都能充分發表意見非常重要；情侶之間，雙方都是獨立又平等的個體，要彼此尊重對方的一切；就算是冰天雪地的戶外公車站，大家依舊保持一段距離等公車，給予你我一個剛剛好的空間。Lagom 哲學造就了現代瑞典平等博愛的民族形象。

Lagom 影響之下，瑞典人追求工作和生活的真平衡，認為工作是為了滿足更美好的生活，生活不該被工作占據。一天八小時的標準工作時間，大家到了公司的目標就是想提早下班。努力加班並不會被賞識，反而被認為效率不彰。我有一任老闆平日工作盡心盡力，但請我們下班後盡量不要聯絡他，除非緊急事件；他也不曾在上班時間以外的時段打擾我，連想用手機通訊軟體聯繫，都會事先徵求我的同意。

瑞典政府保障勞工一年至少二十五天有薪假，大多數公司會給三十天，導致七月與八月的瑞典經常鬧空城，大家都想在最風光明媚的夏天休假出國玩耍；或是前往鄉間小屋過過日子、親近大自然。每到夏天，常常收到郵件自動回覆說放假六周，是很一般的瑞典公司日常。看在辛勤工作的美國人或臺灣人眼裡，可能心想「天啊，這樣公司怎麼運行啊」，但事實上，這個國家也沒有因此垮掉。

家庭生活是瑞典人最重視的一塊，下班後應酬陪顧客這套亞洲做法，在這裡行不通，公司和顧客不應該占據家庭時間。此外，瑞典還有非常強勁的反賄賂政策，我待過許多間公司，幾乎都會要求我在入職前閱讀並簽署反賄賂條款，嚴格規範我選擇合作廠商的標準，比如說合作廠商候選人要請客吃飯，都得再三考慮利益關係才能夠答應。

除了 Lagom，其衍伸而出的「人人平等」在瑞典也是積極被實踐的社會指標。以性別來說，瑞典向來被國際評為女性在職場上最受公平對待的國家之一，經常能看見一定比例的女性高階領導層；國家乃至教育體系也鼓勵更多女性投入傳統上由男性主宰的科技職位，比如工程師或軟體開發人員。

二〇一九年時我服務的公司是一間電信公司，男女職員比例七比三，公司立下願景要在二〇二三年達到五五波，擬定了眾多計畫以吸引更多女性優秀人才。一年一度的國際婦女節更是大舉慶祝，強調唯有做到真正的男女平等才會有更好的業績，不同的性別視野能帶來不同的活力與刺激。

很顯然地，性別平等已經成為西方國家的顯學，但矯枉過正的情勢也經常遭受批評，瑞典同樣有反思的聲音，檢討著是否已達成「真平等」，還是僅僅為了平等而平等，但其出發點是良善的。

值得一提的是，某些其他文化看似禮遇女性的貼心紳士舉動，在強調平等的瑞典可是犯忌。美國來的男同事曾經在開會時非常紳士地幫同行的女同事拉椅子，這個舉動卻惹惱了女同事。又比如搭電梯，待門一開，傳統美式禮節應先禮遇女性出電梯，但瑞典並沒有這個習慣。在瑞典，女性不期待擁有「特權」，所謂的性別平等，是把性別因素完全給拿掉的平等，我有的你也要有；我沒有的也不會要你有。

性別平等僅是入門最基本，瑞典企業更強調機會上的平等，保障不同的種族、性取向、年紀、背景、家庭情況等等的差異，不會成為錄取或升遷的考量。面試時，求職者若沒有主動提，雇主一般來說不能直接詢問私人問題，因為私人問題有時候的確有可能成為雇主考量錄取與否的因素。我最常遇到的狀況是在面試之後，兩個人都走出了那間辦公室，在等電梯或閒聊時，才試探性地詢問年紀或婚姻狀況等，畢竟是以閒聊的名義，比較避嫌。

另一方面，不論大企業或小公司，瑞典雇主皆以能提供多元文化的環境自豪，認為「多元性」是刺激公司開發成長的關鍵。雖然近十年適逢西歐與全球的政治向右傾，強調多元性和多元文化偶爾會被認為是鄉愿或是追求無謂的政治正確，但如此浪潮的確威脅著瑞典社會及職場的文化多樣性。即便如此，在人人平等的大前提之下，瑞典的職業不分貴賤，也沒有「萬般皆下品，唯有讀書高」。瑞典從小就是適性發展，定位並培養自己真正的才能以投入就業市場。瑞典的學校教育乃至家庭教育都提醒孩子「你沒有比別人更好」，要尊重並感激每個人對於社會的貢獻。

如是之故，在瑞典的公司內，頭銜變得沒那麼重要，縱使是CEO也不能期待擁有特權，員工信任的是你的能力足以領導公司，而非頭銜。領導者對於公司政策除了要以身作則，也得虛心接受來自員工的批評指教。瑞典首相曾在某個電視節目裡演了一齣幽默的情況劇，描述他把用過的髒杯子放在水槽裡沒洗，被內閣廳的員工抓包要求改進。

瑞典有著貫徹如一的普世價值和博愛平等的中心思想，不僅體現在個人實現，也體現在家庭與工作。如此長期的薰陶與堅持之下，才成就了一個被稱作是接近烏托邦的社會，如今也繼續在遭逢保護主義與極右政治影響的全球情勢下，努力貫徹著引以為傲的瑞典模式。

不需要成為鑽石

我曾任職於一個非營利組織，人數很少，在瑞典的只有二十人，而且大部分同事都是瑞典人，和我之前待的各種國際大公司很不同。

某個周一早晨，我例行性地向全公司報告上周完成的事項。因為在非常短的時間內順利完成了一項很繁重的計畫，我難掩興奮，脫口而出：「在一定的壓力之下，煤炭也能成鑽石。」會議室的同事們先是錯愕了幾秒鐘，然後開始爆出零星笑聲，最後成為哄堂大笑，讓在臺上的我不知所措，「我說的是真的啊」。

事後，CEO邊笑邊跑來和我說：「你好有亞洲『虎媽』風格，你從小就是這樣長大的嗎？」另一個經過的同事跑來附和：「我要把你早上說的那句話寫在冰箱便條紙上！」，然後陸陸續續又有同事過來和我嬉鬧，讓我整天都哭笑不得，頓時成為辦公室的焦點。

午餐時間，我請一位瑞典同事替我解惑。這位同事來自瑞典中部，不管從名字、姓氏、膚色髮色、身高身材來看，統統都是教科書等級、印象中最典型的瑞典人。他笑笑地和我說，在傳統瑞典人的世界裡，我早上說的話可能會讓他們感到有點不自在，因為沒有人需要成為鑽石。

雖然我說的鑽石，並不是指我自己。

那時我被指派訓練一群年輕創業家的口條與簡報技巧，要在短短幾星期內讓他們在臺上自信地對臺下準備砸錢的投資人發表演說。這些創業家絕大部分年紀都比我小，不管在臺上還是臺下都非常靦腆生疏。第一次和他們見面時，我請大家一一上臺，在完全沒準備的情況下發表三分鐘演說。一輪結束後，我只記得自己想立刻逃離現場、逃避一切，因為他們的表現實在是太差強人意，一想到只有三周時間化腐朽為神奇，我就壓力滿滿；要反悔卻已來不及，而做不好的話，就是自砸招牌。

我開啟了生存模式，設下既嚴格又滿檔的課表，除了要求大家在繁忙工作之餘按表操課，還逼迫他們在每次練習後說出彼此該改進的部分（相信我，這對瑞典人來說，簡直要了他們的命）。終於，在我的努力不懈逼人與他們的努力不懈練習之下，最終的成果發表會算是小有成績。

不管是課業還是職場，對於習慣緊迫高壓的臺灣人來說，這應該不是什麼大事，畢竟誰不曾經歷挑燈夜戰苦讀；若像我一樣三十五歲上下的人，甚至或多或少經歷過「少一分打一下」的學生時期。我們把磨練當飯吃、吃苦當吃補，以在競爭激烈的環境中生存。但訓練這十幾位瑞典年輕創業家時，他們「寬以待己又寬以待人」的佛心態度，有好幾次都讓我接近抓狂，真的好想像八點檔裡演的那樣，雙手抓住他們的肩膀努力又用力地搖一搖，看看能不能把他們搖醒。如此表現，他們真的覺得自己可以上臺對投資人推銷新創嗎？

文化不同，民族性自然大相逕庭。的確，煤礦在高壓之下可以變成鑽石，但或許煤礦沒有想要成為鑽石。

我想起了那個冬雪未融的午後，太陽難得露臉，幾位亞裔媽媽聚集在斯德哥爾摩的咖啡廳「Fika」——這個瑞典詞的意思是享受悠閒的咖啡聊天時光，其中一位中國媽媽卻憂心忡忡，擔心自己的孩子無法贏在起跑點。

「我兒子數學特別優秀，但學校教得太簡單了，我想讓他多學一點，可是瑞典沒有資源給他啊，校外也沒有機構可以送去。」不只如此，她甚至被老師善意提醒，兒子在班上影響到其他同學的學習。

「你說我兒子上課不專心，怎麼不檢討是學校太沒競爭力，讓他覺得無聊呢？」典型的亞洲家長擔心，對比瑞典的「齊平式」教育，格外矛盾。

瑞典是一個帶有濃厚社會主義色彩的民主國家，以臺灣人的理解來說，瑞典是一個不鼓勵「資優班」的國家。學校裡，老師的首要任務並不是提拔領先的學生，而是時時刻刻照顧進度落後的學生，讓整個班級達到平等和諧。

瑞典的博愛平等觀念從學校開始扎根。九年國民義務教育裡，學校強調讓孩子全力發展自我、努力超越自己，不鼓勵和別人比較、也不熱中培養資優生，老師反而會投入更多時間與資源，幫助學習表現較慢的學童。

瑞典教育系統規定，學校要到六年級（十二歲）才能發放成績單，但六年級學生卻早已習得在深水區游泳兩百公尺的技能。沒有課業壓力的學習中，孩子更能多元發展，完整探索自己的興趣。

除了傳統的學校教育，瑞典政府也協助成立「薩米人學校」，為少數民族薩米人的文化保存盡一份心力。一般學校裡設有母語課程，讓移民子女能夠學習母語，發展自我認同、強化信心（雖然這樣的德政如今已被極右派政黨拿出來討論必要性）。重實用又講究人格培養的瑞典教育從課本到午餐都免費，就算一路讀到博士也免費，但並非所有瑞典學生都會完成大學教育。在一個不強調「唯有讀書高」的國度裡，高等教育是一種選擇而非必須。我認識一位在瑞典落地生根多年的亞洲媽媽全力支持兒子專心發展音樂天分，當兒子捨棄傳統高中就讀音樂專業高中時，全家人都替他歡喜。

當然，教育不能只靠學校，瑞典人普遍對於家庭的人格養成抱持肯定態度，不強調加班的工作文化，讓父母都能準時下班與家人相處。

前公司主管與太太協調，一周三天由他「執勤」，要提早下班買菜，回家做一桌溫馨的晚餐迎接家人，他說「我想以身作則，讓兩個兒子知道，家庭生活需要付出與經營」。另一位同事則規定每天晚上七點到九點一家四口都要把手機收進抽屜、關掉電視，好好享受家人共處的時光，玩遊戲、看書，甚至單純地分享一天發生的事情，比起沉浸在電子產品中好多了。

總之，由於沒有資優班，自然也沒有煤炭變鑽石的魔鬼訓練，孩子們得以在低壓的環境下快樂成長、適性探索自己的熱情與愛好。難怪我的瑞典同事們對我這番煤炭與鑽石的比喻感到不自在，畢竟他們從小到大，不需要經過千錘百鍊就能獲得家人、學校和社會的認可；不需要擠破頭進入所謂的資優班，不一定需要用盡全力躋身某名校大門，不需要遵照臺灣人那一套模板。你想追求這些成就當然可以，但你不想的話，也沒有關係；繼續做你自己，社會照樣運轉，就算沒有發光發熱，社會仍然接納你。

瑞典同事說「沒有人需要成為鑽石」，閃閃發亮的鑽石得經過長時間高壓與百般磨練之後，最終才得以綻放璀璨的光芒。若煤炭能自由適性地發揮自身長才與用處，那又為何一定要成為鑽石呢？

可以說，瑞典教育中的平等觀念與瑞典式的社會主義相互照映。把「平等和諧」的思考放入社會層級，政府積極制定政策照顧弱勢族群，設下了高稅標準，讓表現傑出、有能力的人付更多稅收，以照顧先天或後天失足的弱勢群體，有效回饋社會。好比政府會特別補助表現較差的學區與學校，讓他們獲得更多資源來照顧學生。

我曾和一位政治立場右派的瑞典朋友針對此事討論許久，他認為這是一個表面上看似公平、實際上不公平且有漏洞的政策，因為努力辦學、表現好的學校，反而受到「被動的處罰」，得不到更多資源與資金，難道政府是鼓勵大家不要太求表現？

而這一切，都可以回到瑞典的 Lagom 哲學來探討，也就是一種剛剛好的平衡，不多也不少，沒有人應該比別人更好、也沒有人比別人更差，大家都被放在一個平等的標準線上看待。在標準線下的人，值得群體的更多幫助；在標準線上的人，有責任付出更多。

然而，沒有永遠的烏托邦。

雖然瑞典教育在創新與創意指數上仍然處於領先地位，卻有愈來愈多國際排名指出，瑞典孩童的基本學科表現差強人意。這幾年也經常聽到學界和商界憂心瑞典的未來競爭力不足，教育只努力照顧標準線附近和標準線以下的小孩，不願意多多提拔資優學童。

除此之外，近十年大幅成長的移民與難民人數加大了人口的異質性，不同的文化背景、程度不一的家長，讓瑞典老師比以往更難掌握整個班級的教學平衡。

更迫切的問題還有普遍低薪的教育系統留不住教學人才，教學熱忱敵不過現實的壓迫，瑞典老師的資格與教學品質開始滑落，成為近年新聞中常被檢討的議題。

一個國家未來的強盛，往往可以由小窺大。不想培養資優生的瑞典，能否繼續以國際資優生的姿態傲視全球？更重要的是，是否能在自身優良傳統與國際競爭之中，取得最剛剛好的平衡呢？

勞工、工會與罷工

身在瑞典，經常被人提及瑞典的美好。譬如瑞典政府規定勞工最少一年二十五天有薪假（若為無法保證能準時下班的半責任制工作，通常會有三十天有薪假）、全球最好的育嬰假、法定工時一周四十個小時（主要為計時性工作，不含軍警消、航空業、醫護人員及其他特別行業，這些行業有其他計算方式）等，很少提及或思考這些福利與權益背後的引申意義。

大家其實沒有看到瑞典的慢速「急」診、在你下班前就結束的客服專線、周末吃晚飯前想逛逛街卻已準備打烊的店面，以及真的只負責結帳（偶爾幫你把熱狗拿去加熱一下）的便利超商店員。

另一方面，每當歐洲的罷工新聞被強力放送，就會聽到「歐洲人每天都在下午茶不工作」、「歐洲的教育從小就是個人主義，大家都很自私」。

比如二〇一六年六月北歐航空機師大罷工，住瑞典的人多少都有記憶。當時有約四百名機師罷工，十萬旅客受到影響，近一千架次航班被迫取消；其中有四十個瑞典航班甚至是當天傍晚雙方談判破裂後，因機師立刻罷工而被無預警取消。那時機師工會要求加薪三．五％、更完善的安全保障、改進新進機師的加薪結構。最後工會妥協，接受加薪二．二％，北歐航空也同意了另外兩項訴求，這才結束為期五天的歐洲航空大亂。

其實相較於其他歐盟國家，瑞典的罷工次數算是很少，除了長期社會主義薰陶和沿襲了傳統維京人同舟共濟的精神，造就瑞典人普遍平等博愛的個性之外，瑞典強大的工會往往能在罷工的最後手段之前，成功和資方達成協商。

對於大部分瑞典人來說，工會可謂再熟悉不過的存在，尤其對許多非辦公室的工作來說，工會更是保障人身安全與工作環境的重要組織。

之前從同事口中得知，所有令瑞典資方聞之喪膽、全國大大小小各類工會當中，最強勢的是斯德哥爾摩垃圾清潔人員工會。愈基層的勞工愈容易成為弱勢，清潔人員通常更容易淪為弱勢中的弱勢，取代性高是無可避免的弱點。然而，若所有清潔隊員團結起來罷工，那就足以癱瘓整個首都，這就是工會的力量。

瑞典政府通常不介入勞資雙方，但勞資雙方都有非常強勁的代表工會。就像歐洲大部分國家，勞工的工會絕大多數並非單一企業、僅由公司員工成立，而是具代表性且遍布全國的組織，譬如清潔人員有清潔工會、研究員有研究人員工會、醫療人員有醫療工會。

多年前的垃圾清潔人員罷工和二〇一九年初的瑞典碼頭罷工是為了爭取更好的工作環境；北歐航空二〇一七年的機師罷工、歐洲廉價航空 Ryanair 在二〇一八年夏天出遊高峰罷工的瑞典機師，則是要求改善工作條件或合約內容。工會之所以如此強大，來自於廣大會員人數和會員的支持。瑞典勞工加入工會的比例高達七成，提供了工會茁壯的養分，也能提供服務給會員；會員也就更願意繼續留在工會。

打從我在瑞典正式被雇用開始，身邊的人就督促我盡快繳錢加入工會，因為工會所賦予的保障非常有用。工會的會費會根據每個人的稅前薪資調整，一個月從臺幣四百至一千都有，若再加上一個月臺幣幾百塊的失業保險，若是不幸失去了工作，每個月能拿到原薪資八成的補貼最長七個月，讓你不至於有一餐沒一餐。除此之外，若和雇主之間產生糾紛，工會可以介入，甚至連要加薪或縮減工時，工會都能協助。

幾年前我希望與當時的公司解除合約，不確定怎麼計算最後上工日，一通電話撥去工會，他們以瑞典罕見的高效率很快找著相關規定，讓我先行準備妥當，不被雇主吃豆腐。二〇一七年我想在瑞典考駕照（全歐盟最難拿的駕照，又貴考試又難），工會補助了將近臺幣一萬三的學費（很可惜現在這個優惠沒了）。就算是自願辭職，仍有資格申請政府與工會的失業救助金。二〇二三年六月我決定向公司「裸辭」，一邊放長假一邊探索人生更多的可能性，所有的程序都在網路上完成，簡簡單單，還提供專人一對一工作諮詢，讓繳了十年工會與失業保險的我覺得，這些年來的會費真是沒有白繳。

剛來瑞典時，我無時無刻抱怨著瑞典的效率和種種不便，也向瑞典同學與朋友講述臺灣的美好與日夜無休的方便，當時他們多半只是禮貌性地笑一笑。

現在想想挺羞愧的，臺灣的便利生活，正是建築在許多人的不便利與惡劣工作條件之上。在惡性循環與奴性的交互作用之下，努力工作替社會貢獻才是上上策，畢竟我們從小就被教導要聽話、要吃得苦中苦，以為只要自己認真做，總有那麼一天公司會看到我的溫良恭儉讓。很多事情總覺得忍一忍就好了，不要爭取，不要造成大家的不便與難受。

事實上在私人企業裡，僱傭關係就像一種買賣關係。員工的確是公司的資產，我們的上班時間和創造出來的效益就是公司的資產，而且很多時候，市場的供需法則決定了一切。在不考慮人格特質與裙帶關係的情況下，誰能更厲害地用同樣的時間替公司創造出更大的利益，就是公司更想要的人。

有些人矛盾地羨慕其他國家的高品質工作環境與慷慨福利，卻希望自己工作以外的一切愈便利愈好。不論是薪水高低或工作內容，你對工作有不滿但不願意抗爭，不代表別人得和你一樣容忍；尤其當公司回應你的訴求時，說會「降低公司的競爭力」，公司的競爭力卻建立在犧牲員工的工作條件之上。

在說「不爽就不要做」、「你不做還有更多人來做」之前，應先想想這到底是在造福誰，除非你就是那少之又少每間公司都在搶的汗血寶馬、或你本人就是資方，不然說這種話也只是順了雇主的意，鼓勵大家繼續接受現狀保持和樂，像尾牙上的高層總是最愛說的「知足感恩惜福」一樣。

讀碩士最後一年我在一間跨國公司實習，每天全力以赴地努力認真向前衝，完全信了當年公司天天洗腦的「你就是公司的英雄」那一套，傻傻以為公司會正式雇用我。當那時的直屬主管問我下一步想好了嗎？有沒有開始找工作了？我滿頭問號地回答，公司難道沒有要我嗎？她擠出微笑並和藹地說，我們這麼大的公司，不會幫每個員工想太多，你要告訴公司你想要什麼，他們才會開始想你可以有什麼。

如今的臺灣在經歷一場又一場的抗爭事件後，勞權意識已逐漸成形，比如二〇一九年二月華航罷工事件，正反兩方激烈交鋒，就促成了一場大型的社會思辨。不管勞工是不是政府或公司心中最軟的一塊，再怎麼說，我們也都是家人與愛人心中永遠最心疼的一塊。替自己想想，也替其他人想想。別人過得好了，不代表你就會過不好。

我們可以愛工作，但不見得一定要愛公司；就是因為你愛你的工作，才要替它爭取應有的保障，讓你能繼續安心地愛著它。你愛它，公司才會更好。

另一方面，勞工的權益並非理所當然。

任何一個社會裡都有較有能力也有意願往前衝的個人，同時也有不見得不願意付出、卻因先天或後天條件而更加需要被照顧的個體。在瑞典平等與同舟共濟的精神下，對於有能力照顧自己的人，政府不太會干預你的個人意志，而且正是因為你有能力把自己整頓好、賺得多，所以要繳更多的稅去照顧其他人。

我沒有小孩，卻不羨慕那些一直在放育嬰假的同事。雖然他們享受了我還不能享受的福利，但我更謝謝他們願意幫忙養育國家的下一代，畢竟他們的孩子以後將支撐這個國家的運作，好讓我拿著退休金安穩養老。而且，有生養過或正在培育國家幼苗的人都能理解，養小孩本身就是一件全職工作，更何況是在講求DIY、不盛行聘請全職保姆的瑞典。

你去養小孩，所以我留守公司幫你做事；你收垃圾很辛苦，所以你罷工時我能體諒；你當高階主管賺得比我多，但我並不想擁有你每天承受的壓力還要看員工臉色。這是一個需要大量付出與無限體諒的社會，不然每天都會覺得自己被占便宜。每個人可以有不同的價值觀，但對於同一個社會，就要擔起共同的責任，一起用眾人集結的力量，把國家往前推。

三十二%所得稅的育嬰假

和我同一個年代的人都聽過老師鼓勵大家，成功的男人要五子登科，亦即銀子、車子、房子、妻子、兒子。這種封建思想現在看來深覺不可思議，被提及的五個必要條件，首先暗示了男人要努力賺錢、買車買房，然後便可迎娶妻子，還要拚個兒子；同時也暗示了只要有前三項條件，女人就會心甘情願地歸附男人並生育下一代（而且男人還要負擔所有開銷，兒子被期待要撫養雙親）。潛移默化中，形成了一組自然條件：沒錢沒房沒車，夫妻怎敢安心生小孩。

臺灣低生育率的相關討論中，瑞典等北歐諸國經常被拿來當成模範組。的確，誘人的生育津貼、慷慨的育嬰假、讀到博士都免費的教育、相對可負擔的房價、穩定安心可早退的工作環境，這一整組社會福利系統確實創造了一個可持續發展的育兒典範，但大家也不應忽略，羊毛出在羊身上，高福利的來源是高額的稅金。

當政府靠著收取高額稅金，創造了一個世界上最友善的育嬰環境，要不要生小孩固然是你的自由，但你不生小孩，稅金一樣不能少繳。

你願不願意繳一堆稅，養別人的小孩呢？

這其實是一個頗有趣的問題。首先，小孩到底是誰的？是父母生的沒錯、也跟著父母的姓氏，但小孩同樣是國家的下一代、是推進國家發展的動能。若社會無法營造出一個能孕育下一代的環境，這個國家也就沒有未來可言；若大家只願意按照使用者付費的原則，好環境是無法被培養出來的。

稱羨瑞典的育兒津貼和免費教育時，先問自己願不願意無條件支付平均三十二％的所得稅；稱讚瑞典慷慨的育嬰假和工作環境時，先問自己做為老闆或同組同事，隔壁同事生完孩子後先放一年假，回來後三點就下班去接小孩下課，你能否真心接受？

不管是高福利的社會民主主義國家或高競爭的資本主義社會，養育小孩都是一件很累的人生任務。對沒有小孩的我來說，衷心佩服父母之餘，也甘心繼續繳稅。畢竟我退休後若想安享晚年而不工作付出，當然需要茁壯的下一代繼續讓國家運轉。

另一方面，並不是創造出友善育兒的社會，就能看到生育率直線上升。

瑞典能夠維持高度社會發展、高福利、在歐盟中僅次於法國的高生育率，和高包容性的社會特質與兩性平等的落實高度相關。瑞典社會不把育兒重擔放在女性身上，也不把養家責任歸給男人，對於晚婚或不生育者也沒有多餘的社會期待。女性休完育嬰假後返回職場，仍能繼續追尋自己的人生目標，而且瑞典還在持續努力改善兩性之間的薪酬差異。

未婚生育率則是另一項有趣的指標。瑞典的未婚生育率是五十五％（北歐五國都在榜單極前端），臺灣不到四％。瑞典從二十世紀中期開始盛行的同居制度，讓伴侶雙方都能受到社會的認可與保障，但不用實行宗教定義上的婚姻。就算結了婚，婚姻也是兩人之間的事，不是兩個家族。

生小孩和結婚一樣，都是一種個人選擇。我身邊的瑞典人，有的很早就生兒育女，有的年紀比我大一輪以上還是單身，也有人透過精子銀行單身成家。各種不同的人生型態，在國家撐起的大傘下，自由獨立而安心地生活著。瑞典的確同樣面臨各種高福利制度下衍生的社會問題，但或許我們永遠找不到完美的制度，只有最適合當下的制度。

時代變動是社會前進的象徵之一，想創造能夠永續發展的社會環境，照抄他國成功案例並沒有太大的幫助，因為我們無法忽略每個國家背後的歷史與文化脈絡。低生育率的問題，並不是單純解決房價就能看到曙光，也不是改善低薪高工時就能鼓勵生育，更不是簡單一句「女性主義抬頭」就能把一切簡化為兩性問題，而是一連串長年來社會、經濟、文化交互影響的結果。

低生育率的數字背後，更是每一個人、每一對伴侶的真實人生掙扎。

——此文原發表於二〇二一年五月，二〇二三年增補

CHAPTER 2

顏色、性別與平權

讓這個世界擁有更多顏色

很多事情是否「理所當然」，有時候當下真的是霧裡看花。

來瑞典之前，我當然知道粉紅色不該只是女孩的專利，藍色或黃色也不應該是男孩專屬，但或多或少還是會被刻板印象綁架，無法真正做到「顏色的真平等」。

瑞典在這方面可說是不遺餘力，努力想摘掉大家的有色眼鏡。

前公司坐我隔壁桌的好同事是個型男，我們每天工作之餘都會聊天喝咖啡吃午餐。愛迪達的 Stan Smith 鞋當紅時，他買了一雙桃紅配色的，穿起來非常有型。同事很自豪地說，這是他太太幫忙選的，他倆都覺得這顏色很適合他。

同事後來當了爸爸，兒子的衣服顏色有藍有紅有黃有粉紅，他們決定要用無性別差異的方式撫養孩子。有次他太太帶孩子來公司探班，胖嘟嘟白嫩嫩的小嬰兒穿著柔和粉紅色連身裝，衣服上還有幾個桃紅色小蝴蝶結，任誰看了眼睛都會冒粉紅泡泡。我好奇詢問同事太太，為什麼讓小孩穿有粉紅桃紅蝴蝶結的衣服，她不太理解地回問，為何不呢？

鼓勵運動風氣是瑞典的企業文化之一，許多公司都與各大健身房結盟並提供員工優惠價。前幾年隨著換公司，我也換了健身房。第一天去運動時，健身房給了一份內含水瓶和大浴巾的入會禮。健身房櫃檯男員工順手拿了一個黑色水壺與桃紅色浴巾給我。我拿了後想一想，問說能不能換條黑色的浴巾，表示桃紅色對我來說有些尷尬。他禮貌性地笑了笑，說「我也是用桃紅色的，我覺得沒什麼問題」。

最後我當然還是拿到了想要的黑色浴巾，卻一邊跑步一邊想了足足三十分鐘桃紅色到底哪裡有問題？我的顏色觀被性別刻板印象綁架了。

另一個同事是數位設計師，他女友是攝影師，兩個人對於顏色或許都有比一般人更敏銳的見解、也更不想落入俗套。我們一起工作了兩年，讓我學到很多關於顏色的運用和協調。當我在發想公關活動的圖像時，同事都會提醒我不要讓刻板印象主導了溝通方式。我的想法經過他的巧手之後，原本不敢用的顏色都變得和諧又恰到好處。

二〇一三年有一篇新聞鬧得不小。瑞典最大的連鎖超市在當期廣告型錄裡刊登了藍色與粉紅色的兒童腳踏車，並在藍色腳踏車上標示「Perfect for boys」，引起了許多家長的反彈，再加上媒體的報導與評論，最後超市不得不出面澄清並承認不妥。

或許等我們拿掉了有色眼鏡，顏色就真的只是顏色。

很多時候在解釋瑞典與臺灣乃至東亞社會的異同時，我都很害怕落入俗套，讓人誤以為我在闡述「國外的月亮比較圓」。瑞典自然有許多值得借鏡參考之處，但也有許多需要改善的地方。可是在性別平權上，我的確認為瑞典是走得比較成功的國家之一，那不在於他們多做了什麼，而在於他們讓原本該是什麼的性質就是什麼。

大至國家政策，小至顏色的選擇。讓顏色不被性別綁架、讓顏色回到它們原本的初衷。讓這個世界多一點顏色，我們就能更豐富自由地選擇顏色。

——此文原發表於二〇一九年一月

當安德烈老師改了名字

前陣子社群媒體上一則貼文引起了我的注意。

一位移民媽媽分享了幼稚園寄來的電子郵件截圖，孩子班上的安德烈老師將改名為「蘇菲亞」老師。園長相當雲淡風輕地提到老師正在進行性別重置手術，請家長以新名字稱呼老師。

此則貼文引起了討論，移民媽媽的家鄉朋友感到不可思議，也擔憂該如何向孩子交代；移民媽媽的瑞典朋友卻大多持肯定態度，還有一位瑞典媽媽留言，指出這是向孩子做性別教育的絕佳好機會。

大家常說瑞典是個平等的國度，而這份平等，可謂實實在在扎根在社會與人生的每一個角落，包含歷史悠久的性教育。瑞典早在一九五五年中小學就已實施義務制的性教育，再加上後來隨著社會發展而不斷修正的性別教育，使得他們對於性與性別議題，從小就抱持著正面開放的態度。

在幼稚園裡，除了沒有設置男女洗手間，老師也不會鼓勵女孩玩洋娃娃、男孩玩汽車。為了更加減少性別之間的差異，瑞典語在「她」和「他」之外，創造了另一個中性的「他」，約於十年前開始被大量使用（但在極右派崛起的瑞典乃至歐洲，這個「創舉」已經引來一定程度的反對）。一旦性別角色不預設立場，女孩與男孩就不會因為自己的生理性別而限制自身發展。

不只是幼稚園沒有男女洗手間，瑞典許多公司都逐漸地把男女廁所改為中性洗手間；許多公共場所裡，中性洗手間同樣相當常見。譬如眾多國際旅客造訪的瑞典最大機場，斯德哥爾摩阿蘭達機場的等待行李區洗手間，就是無性別洗手間，給所有即將入境瑞典的旅客一個先行教育。

其實，鼓勵女孩子嘗試過往刻板印象中只有男孩子可以做的事情相對容易被接受，反過來卻不是如此。

「聖露西亞節」（Saint Lucy’s Day）是基督教歐洲最傳統的節日之一，向來由金髮碧眼的小女孩們擔任學校、教堂乃至城市的露西亞節合唱團主角。好幾年前，瑞典最大的連鎖百貨公司某期廣告型錄封面邀請了一位性別難辨的黑皮膚黑短髮小孩當「露西亞」，此舉立刻在網路上引發正反兩面辯論，卻也順利刺激了社會思考。二〇一四年瑞典中部城鎮某所小學就首次選出了一名五年級男孩擔任露西亞。

另一方面，瑞典的性別教育裡一定會有同志教育，而且是從幼稚園就開始。園所請孩子帶回家讓父母伴讀的書本中，通常會有一本《麗莎與她的兩個媽媽》，讓孩子了解並尊重同志雙親組成的家庭型態。瑞典向來講求實用主義（從居家品牌IKEA的歷久不衰就不難了解），因此這樣的做法並不是為了標新立異，而是反映真實情況。

我前公司主管有兩個分別為十三歲和十五歲的兒子，熱愛踢足球的兄弟倆有個非常要好的球伴，是個非洲裔小孩。前主管的兩個兒子去過球伴家好幾次，前主管一直覺得球伴來自非裔移民家庭。直到一家人前去作客，到了門口才發現，孩子的媽媽是個白人，她的另一半也是個白人，她們是一對女同志，領養了一個非裔小孩。

最要好的球友有兩個媽媽這件事，孩子們從來沒向父母提過，對他們來講，大概是因為那再自然也不過。

此外，針對初來乍到的移民家庭，瑞典政府同樣為移民父母們設想妥當。

一個由政府贊助的性教育網站專門設置給十三歲到二十歲的移民青少年，並提供阿拉伯語、索馬利亞語、波斯語等各種版本。因避難而來到瑞典的移民青少年們，絕大多數在母國內無法接受性教育，更別提婚前性行為、同志和跨性別等議題。為了幫助他們順利融入瑞典的文化與社會環境，這個網站以人人平等的角度出發，解釋並教導瑞典對於性與性別的態度和相關法規。

在瑞典生活多年，影響我最深的便是尊重。在人權與平等的旗幟之下，沒有人該被忽視犧牲；而這份精神，是從學校與家庭教育開始扎根。在我們看來新穎的觀念，只不過是瑞典人的日常。

——此文原刊登於二〇一九年五月臺灣《蘋果日報》國際蘋論專欄，二〇二三年增補

她們教會我的事

二〇二一年十一月，經過了百年等待，瑞典終於出現了第一位女首相。這個得來不易的第一，終結了瑞典身為性平大國卻從未出現女性國家領導人的窘狀。

五十四歲的 Magdalena Andersson 任職之際，北歐其他四國（挪威、芬蘭、丹麥、冰島）與波羅的海三國（愛沙尼亞、拉脫維亞、立陶宛），只有兩個國家是男性當家，其餘都由女性擔任國家最高領導職，形成了一幅「北國女人我最大」的進步景象。

實際上，從北歐一直延伸到波羅的海的國家，向來都是性別平權的先鋒，從政治到企業到民間，統統落實得相當徹底。舉例來說，瑞典企業雖然在治理規範當中並無明文規定，內部仍會督促從領導層到員工都有一定的女男比例；又比如瑞典政府保障的「全世界最慷慨」育嬰假不能由一人獨享，至少有三個月必須給伴侶雙方中的另一人使用，避免傳統伴侶總是一方工作養家，一方照顧家庭的刻板印象。

瑞典的女性向來獨立又堅毅，她們從小就知道自己和男性一樣權力對等，瑞典高等教育中也是女性多於男性。有瑞典教育專家針對此一現象做了深入研究，認為小女孩的心智發展比小男孩來得早，所以很早就培養出「行為後果」的概念，譬如不寫作業的下場是什麼，因此在學業上較小男孩來得更自律；又加上瑞典的均富環境且沒有重男輕女的概念，女孩們便更容易在學業擁有優勢，一路往上。

如此獨立又不受拘束的瑞典女性，可以是女友、妻子、媽媽、專業經理、政治人物或軍官，這也是瑞典男性早已習慣的女性形象，畢竟他們從小到大都看到自己的母親身兼數職、游刃有餘。同樣地，瑞典男性從小就擁有女男完全平等的概念，了解兩性歷史脈絡的同時，也尊重女性。

和瑞典男人交往過的外國女性經常覺得瑞典男人優柔寡斷、不喜歡貿然下決定，總要與另一半充分討論後才能達成結論，這其實就是受到瑞典進步的性別平等觀念所影響。瑞典男人向來非常習慣與女性上司或女性高層主管互動。

我曾經有三位女性直屬主管，也和許多女性高層有過許多密切的工作互動，那與男性長官比起來，真的是非常不一樣的經驗。

比如我在某間公司任職時，公司董事會特別安排了一男一女擔任執行長，當時這種「共同領導制」在瑞典還不是很盛行。此制度的原意是為了避免「一人當頭」的情況容易因為領導者判斷力不足，做出風險過大的決定，影響公司的營運與收入；共同領導制可以互相制衡並互補。但是，我任職的公司之所以施行共同領導制，是刻意安插了兩位能力不相上下的高階經理，想「以強克強」，激發兩人的鬥志，進而促進公司的發展。

我當時的工作之一是幫兩位執行長寫演講稿和製作簡報。男性執行長是典型的「魅力型領導人」，在臺上演講總是精力充沛、講話鏗鏘有力。第一次與他合作時，我帶著三頁A4完稿給他過目，他看都沒看就說，「我是一個執行長，如果我還要管事管到精修整整三頁的講稿，我就不需要當執行長了吧。」往後，我只需要簡單地給他幾個講話重點，並告訴他能講多少時間，他在臺下用五分鐘看完就可以上臺滔滔不絕。對我來說，這樣工作當然變得很簡單，但以公關角度來說卻也令人擔心，因為他從不彩排；每當忘記該說什麼時就會即興脫稿演出，不僅傳達的訊息不準確，也容易衍生公關危機。

女性執行長的工作風格截然不同。她絕不接受即興演講，甚至一周內的演講也不接。每當我敲定了外部演講日期，她便要求我擬定一份計畫，包含幾月幾號給她初稿，何時第一次會議，何時彩排，以及預留時間以防突發狀況。縝密的計畫也顯示在為人和做事風格上，她總是穿戴整齊，做事一絲不苟，開口說話前再三思考，與男性執行長完全不同。而她要求的演講稿，則是真真切切的逐字稿，我必須揣摩她的口吻、說話方式與常用字彙，編纂出一字不漏的講稿，開會時她也會仔細挑出不滿意的用字，質問我用字邏輯，並要求我找到更合適的字眼。

擁有近三十年工作經驗的女性執行長是從基層的電信工程師做起的，九〇年代還曾外派臺灣。我們第一次見面時，她說自己曾經在臺灣爬上電線桿架設線路。爾後，她從電線桿一路爬到高階領導職位，雖說瑞典職場的性別平權現今已是常態，但在她那個年代，並不容易。

有次和她開會，我對於她苛刻的要求感到沮喪，不理解她為何需要琢磨一份講稿到這種程度。她語重心長地和我說，她並非一出生就是完美主義者，但這個社會對她的要求就是比較高，身為一個女性領導者，要取得臺下觀眾的信任就是比男性還困難，因此必須做好百分之一百二十的準備，才能達到百分之百的成效。

漸漸地我也益發理解，身為女性，三十年來在不同的大企業裡努力攀爬的她，為了打破玻璃天花板所需要付出的努力，遠遠超乎我的想像，更何況還得兼顧家庭與兩個孩子。

不久之後，因為併購的緣故，公司人事大搬風，高階領導層幾乎全數替換，接近十人的領導團隊中僅有一名女性。公司內部員工祕密串連，在新領導層舉辦的第一次員工大會上，將近三十多名員工以一身紅的服裝出席並坐在前幾排，效仿影集《使女的故事》（The Handmaid's Tale）中女性沒有主導權的象徵。

我想起了自己在瑞典的第一份辦公室工作。在那間大企業當小助理時，有幸邀請到一位在業界打滾四十年的女性高層當我的導師，擁有亞裔背景的她曾任洲際總裁，全盛時期底下有超過七千名員工，而且還是在男性主義盛行的中東與北非地區。那時她不只一次提點我，在商言商，人不需要太好，否則容易被欺負，而且還要勇敢地向對方說不。「當你說『不』的時候，你就獲得了主導權，如果別人還想和你合作，他們就必須端出更好的東西。」

知易行難，至今我仍無法掌控這個祕訣，卻也不難想像她為何能夠在男性主導的環境裡呼風喚雨，她靠的並不是當個什麼都說好的順從女性。

非常多年之後，我去了另一間新公司，直屬主管是一位在職場中打滾三十年的女性，個性溫和但要求嚴謹，偶爾被她帶去參加高階主管會議時，我發現她往往是會議室裡唯一或唯二的女性。那時我觀察到，主管會先認真聆聽與她意見不同的人的發言，然後從中找到突破點，循序漸進地用自己的方式說服對方。表面上看來似乎百依百順，實際上卻經常是贏家，用柔軟的身段取得該有的勝利。

我剛剛辭職的非營利組織比較特殊，女性員工比男性還多，而且領導層大多都是女性，我發現那其實和男性居多的環境差不多，大家一樣會良性競爭，一樣有許多事情要喬，喬事情的方式也和一群男人差不多，下班後去喝一杯，把事情講開。比較不同的地方大概是做決定的時間較長，卻也考慮了所有的可能因素，做出的決定比較縝密。

也就是說，不論性別，大家的目標都很簡單，把事情做好、往上爬，只是心態有所不同、方式因此不同。

身為少數族裔、身為外國人，要打破所謂的「竹子天花板」，需要的代價是什麼、要多努力才能達成？在瑞典職場打滾這些年來，我身邊的女性，不論是努力地打破玻璃天花板，或是在天花板被打破之後小心翼翼地不往下墜，都教會了我許多事。

最弱勢的族群

「此次演講的邀請對象希望是貴公司高層，但不希望是白人中年男子。」

我在瑞典科技業工作已久，以往每當有活動單位邀請公司去演講，經常聽到這句話。我們私下常常打趣地說，就算是中年男子，只要不是白人都算過關；就算真的是白人中年男子，只要不是異性戀，應該也可以過關。用非常坦白但可能有些冒犯的角度來說，若有一位非本地的年輕非白人、職位為領導職、非異性戀、非二元性別定義者或是跨性別者，又具有演講領域的專業知識，他會接活動邀約接到手軟。但實際上，如此背景者簡直是海裡撈針；卻也正因難找，顯得分外珍貴。

我剛進這行時是二〇一三年，許多科技公司的領導層基本上清一色都是白人中年男性。通常都是老套地由白人中年女性擔任人資長或公關長這種較為「軟性」的職位，掌握核心大權的執行長、財務長、營運長則是白人中年男子的天下。後來由於各種社會意識抬頭，各大企業開始重視領導階層的多元化——不只在性別，也在種族。如今，瑞典企業以達到領導階層的男女平衡而感到驕傲，或對於擁有一位女性執行長而感到欣欣向榮；要是還有非白人以外的種族那就更好。

這股風氣不僅出現在大型公司或中小企業，連剛起步的新創企業都很重視。一位我輔導過的年輕瑞典創業家在招募資金時失敗了，他說，原本很看好的投資公司發現他整個團隊清一色都是白人男性後，就失去了興趣。

以這位創業家的角度來說，創業多麼艱辛，當然需要找到志同道合又能信任的夥伴，人的天性就是容易信任與自己的背景和外表相當的人。試想一下，若今天你要在臺灣創業開公司，合夥人是一個不能說中文、文化背景和你大相逕庭的外國人，經營公司的難度可想而知。

以投資公司角度來說，也不太難理解他們的擔憂。一群從外表到生活方式都一樣的人聚在一起，想法自然差不多，做出來的決定可能不夠多元且非常容易達成共識，卻往往因此疏忽了許多風險因子；又因為大家的想法差不多，自然較難做出突破性的創新，對於公司長期發展來說，是一種潛在危機。

說到底，瑞典是以北日耳曼人為主體而建國的國家，本質上白人為大宗，為何會出現上述社會風氣呢？這並不是一個生物學的問題，而是錯綜複雜的社會與文化使然。

強調平等的瑞典，女權運動發展得很早，平權早已是日常生活的一部分。企業在乎形象，達到男女平衡是最基本的條件、最根本的低標，但科技業向來男多女少，領導層更是驚人失衡。我待過的某間公司相當罕見地擁有一位女性首席技術官，也就是俗稱的CTO，當時我負責對外公關，邀請她去演講的信我真的是接到手軟。

我合作過的某間小型獵頭公司專門招募軟體工程師——在瑞典永遠求過於供的職缺，公司負責人是一位瑞典女性，她曾經和我說，客戶明明知道軟體工程師是搶手到不行的專業人才，卻還是要求招募「非白人、非本地人、女性」的軟體工程師，讓她經常在會議中倒抽一口氣。

有趣的是，瑞典高等教育中，讀大學的女性比男性還多，顯示出瑞典女性非常熱中追求專業知識，但主要興趣可能並不在科技。為了解決這個問題，同時也看準了長期發展科技的未來需求，瑞典政府向下扎根，最早會在小學一年級就讓學生開始接觸最基本的軟體程式編寫，讓此項專業不再是高等教育才能習得的一技之長，也希望透過相關制度，讓女性與男性能在起跑點有同等的機會學習程式編寫。

然而，起跑點畢竟只是個起點，出了社會在公司內要往上爬，需要的不僅僅是專業知識，從人脈、處事方式、表達能力甚至生活方式都會被打量。企業裡長久以來被男性占領重要領導職位的狀況，讓企業文化已經習慣了由男性主導重要事務；也讓同樣類型的男性會欣賞且信任和自己背景差不多的男性，進而提拔他們，造成一個以男性為主的循環。對此，卡洛琳（Caroline Farberger）應該最有體會。

卡洛琳以前叫做卡爾（Carl Farberger），是全世界第一位在任職期間轉換性別的大型公司執行長。四十九歲那年，即便結了婚，孩子都已成人，卡洛琳毅然決然追尋心中真正的自己，從他變成了她。

卡洛琳在傳記中提到，轉換性別後最讓她詫異的是，雖然公司執行長的職位完全沒有改變，但改變性別後，她卻深刻感受到大家對待自己的方式和以往不同。昔日一起並肩作戰的男性高層主管開始質疑她做的各種決策，過往保持一段距離的女性高層主管則鼓勵她「歡迎來走這條比較難走的路」。

卡洛琳以前是一位享有眾多顯性或隱性特權的中年異性戀白人男子，如今轉變為白人女子後卻馬上失去了眾多特權，因此更能體會非白人女性或其他社會較弱勢身分者，需要付出多少努力與代價才能彰顯自身價值。卡洛琳目前是瑞典一家新興投資公司的主席兼合夥人，專注於為性別與多元議題持續發聲。

某次和朋友談到卡洛琳的故事，我打趣地對朋友說，在現今的瑞典社會氛圍下，身為一位白人異性戀中年男子（也就是他），真的得時時刻刻警惕小心自己的一言一行，不然很容易被人指控享有特權卻不自知，以此態勢發展下去，白人中年直男即將成為社會裡最弱勢的族群。朋友略表贊同，說很擔心自己兩個寶貝兒子在未來的時代發展得不順利。

老實講，說白人中年直男是弱勢，不過是某種戲謔的指稱。今日瑞典的白人中年直男在社會上仍然掌握了許多要勢與主要資源，而如此趨勢，從大航海時代至今都未曾有過大規模改變，儘管如今人們更加關注這類特權並要求改善，並不代表此一趨勢能夠獲得立即的顯著變化。就算不是白人中年男子，現今大部分青壯年輩對於自己的身分都有基本認知、了解自己在社會中的特權地位；然而，這份理解往往得和與自身背景相異的人充分相處之後，才能體會其核心問題。許多瑞典人都是直到身邊好友或伴侶擁有外國背景後才了解，「身分」這件事，在瑞典如假包換地真正存在著。

有次我和一位瑞典好友一同計畫去中東旅行，我們兩個人都持有瑞典護照，在部分中東國家可以用落地簽入境，不過我還是小心翼翼地做好研究，決定先申請所謂的

eVisa，以免遭到海關刁難。朋友不懂我的處境，驕傲地對我說瑞典護照是一本很好用的護照，到了當地再做打算就好。最後我只能和緩地對他說，我們都有瑞典護照沒錯，但我是黃皮膚黑頭髮的亞洲人，他是金髮碧眼的白人，中東地區仍有許多慣於耍特權的國家，我們兩個會遭受的待遇必定不同，朋友這才似懂非懂地明白了。

身為在歐美地區的亞洲人，我就是得習慣自己的特殊身分；對於亞裔族群相當稀少的瑞典來說，我的存在更是特別，所以做每件事之前，如今的我已經內化到將需要考量的種種事項都成為先決條件、告訴自己沒有什麼事情是容易的。

不過，特殊身分還是會有一些意想不到的關注。

我曾有位同事是澳洲長大的亞裔女同志，她經常打趣說自己符合瑞典公司要求的所有多元條件：非白人、非本地人、女性、同志，因此只要僱用了她，公司該年度的多元員工目標馬上達成。

我想起了好久好久以前，我還在一間瑞典小型軟體公司工作，是當時全公司一百多個人裡第一位亞洲人。某次公司要拍招聘廣告的宣傳照，我當然就被選中了，要拍那種很做作又虛假的照片，譬如好幾個同事在會議室假裝一本正經地開會，或是幾個人站在公司大門口、雙手環抱胸前露出自信又尷尬的笑容。不只如此，亞裔身分使然，我竟然還獲得了好幾張獨照，畢竟公司想彰顯多元性——即便我是一百多人當中唯一一位。當時的同事開玩笑地說，哇你有獨照，真是擁有特權啊。

特權應該是個迷人的存在，只是這樣的特權，我真的不是很想要。

斯德哥爾摩同志大遊行

二〇一九年與二〇二二年，我和一個臺灣朋友召集了其他人，以民主臺灣、亞洲同婚第一國的名義參加斯德哥爾摩同志大遊行。臺灣隊人數超過八十人，有臺灣人和外國人，一起風風光光地在這場全北歐最大的同志遊行中亮相。

以規模來說，斯德哥爾摩同志大遊行其實是北歐所有遊行中最大的，每年都吸引五十萬人上街觀看，我們不僅用走的，還租了大卡車與音箱，有人在卡車上搖旗吶喊、有人在卡車旁走，團結一心又歡樂的景象，配著蔡依林、蕭亞軒和伍佰的歌曲，時空錯置之感，讓我至今仍然印象深刻。

這趟僅有四．五公里的遊行路線，每年都有超過一百五十個隊伍報名參加，從各大公司行號、民間團體、政府部會，包含警消與軍方都會上街（國防部長每年都會帶隊率領瑞典軍人走上街頭，他們的訴求很簡單：我們不僅保護人民、更捍衛我們的生活方式），各大政黨也會組隊（只有極右派「瑞典民主黨」因為追求保守主義而不參與），是一場「上街要花錢、但不上街的代價更大」的遊行，官方與民間團體深怕民眾不知道他們對於民主自由與多元文化的支持。

臺灣的隊伍屬於外交使節區段，由瑞典外交部的隊伍帶頭，後面跟著美國大使館、英國大使館、烏克蘭，以及排在我們後面的以色列，形成了一道「民主防線」，尤其臺灣身為唯一的東亞參與國，布條與花車上都用英文寫著「亞洲同婚第一國」，更是顯得突出又珍貴。

一路上，臺灣隊得到的歡呼與鼓掌從沒停過，尤其是二〇二二年，由於瑞典乃至全世界都見識到了中國侵略臺灣的野心，我們得到了令人感動、不絕於耳的歡呼聲。幾位同事分別在路線上的不同區段欣賞遊行，他們不約而同和我說，臺灣隊伍行經時，得到的支持是最大的。

瑞典對於多元價值的支持開始得很早，相關法條亦然，最早可追溯到一九四四年，正式將同性性行為除罪化。一九五五年，瑞典中小學開始實施義務制的性教育。一九七二年，瑞典成為全世界第一個允許跨性別者可以在法律上改變性別的國家。一九八七年開始立法禁止性向歧視，二〇〇九年正式將同志婚姻納入原本的婚姻法當中，成為世界上第七個同婚國；但早在一九九五年，瑞典就允許同性伴侶註冊同居關係（sambo），該法律是同性異性伴侶皆適用。另一方面，自二〇〇三年開始，瑞典的同志伴侶就能申請領養小孩。

根據一項二〇一九年做的調查，九十八%瑞典人認為同性戀與雙性戀應該完全享有和異性戀一樣的權利，比例為全歐盟最高。也由於發展得早，當許多國家仍然大聲疾呼地爭取同性相關權益時，瑞典已經發展完全。很多瑞典人從小就可能有同學或朋友有兩個爸爸或媽媽，或是爸爸與媽媽離婚後，新的伴侶是同性；又或者幼稚園老師是跨性別者（瑞典某任教育部長就是跨性別者，也當過學校校長）。

一旦成為每日的生活，瑞典人從小就知道，不管何種身分、哪種性向，都有好人與壞人，一個人擁有怎樣的行為，與性向沒有絕對的關係。這份平等，實實在在地扎根在社會與人生的每個角落。在許多國家被認為是進步價值的里程碑，在瑞典早就是日常一景。

平權在民間施行已久，當然也正式進入了皇室。二〇二一年，不讓荷蘭專美於前，瑞典跟隨荷蘭的腳步，成為世界上第二個允許皇室繼承人可以擁有同志伴侶的國家。也就是說，未來的王儲若是同志，仍然可以保有皇室繼承人的身分；甚至更進一步訂定了稱謂，女王的妻子是公主（Princess）、國王的丈夫是親王（Prince）。

其實早在一九八〇年，瑞典就成了全世界最早宣布王位繼承順位只看出生排行、不看性別的國家；現任國王最年長的子嗣維多莉亞公主一九七七年出生時並非王室繼承人，直到三歲才頂下親弟弟菲利普王子的頭銜，搖身一變成為王儲。

追根究柢，曾經是基督教立國的瑞典，是如何走到今天這一步的呢？

根據一份二〇一六年的調查，只有六%瑞典人有積極上教堂的習慣，宗教思想對於人生與價值觀的影響較低。除此之外，長遠以來的社會民主主義深厚薰陶，讓瑞典特別強調慷慨博愛與設身處地的平等，就像是詹代法則，以一種集體主義的概念，闡述沒有人比其他人更好、更優秀，大家生而平等，從起跑線到終點線，大家都是同等的個體。如今的瑞典雖然受到全球化、資本主義、極右派主流化的挑戰，詹代法則的精神仍然深植在許多瑞典人心中，並繼續影響著下一代。

歐洲各地的同志遊行之有年，各國都有不同的特色。最有特色的可能是荷蘭阿姆斯特丹，在運河上進行，每個隊伍一艘船。相較之下，斯德哥爾摩同志大遊行有點無聊，甚至可說有些無趣，因為訴求的並不單單只是同志與性別相關權益，而是在經過多年的運動、爭取後，演化成了一場捍衛民主自由與多元價值的年度大拜拜。

這正是我認為臺灣一定要走上街頭的原因——我們追尋的普世價值與瑞典愈來愈近；甚至可以算是全亞洲與瑞典在價值觀上最相近的國家，若不大聲地說出來，瑞典人不會知道，自然也沒有理由支持臺灣。

籌辦期間我也做了思考，臺灣隊伍裡只能有臺灣人嗎？臺灣人的定義又是什麼？我們來自一個數百年來不斷接受衝擊、不斷自我融合的文化島國，用種族來定義臺灣人或許太狹隘了，不管是什麼種族、故鄉來自哪裡、有怎樣的政黨偏好，只要認同臺灣這塊土地、支持臺灣的多元價值觀，就可以是臺灣人。

我們開放所有人都能申請加入花車隊伍，許多曾在臺灣留學或居住的瑞典人和外國人都興奮地加入了；我也把這個消息告訴身邊的中國朋友，同時非常誠實地說，臺灣隊的花車與隊伍前方都有大型英文標語寫著臺灣是亞洲同婚第一「國」，如果無法認同、或是即便認同但擔憂會被監控而引起麻煩，或許就該考慮不加入。

有些中國朋友無所畏懼，欣然加入；有些友人有所顧慮，僅在場邊支持；還有一位中國朋友原本說一定會加入，得知了我們的標語後卻開始質問，如果我們真的接納所有人，為什麼要用這種把中國人嚇跑的標語？我平靜地回覆他，臺灣和瑞典同樣都是民主國家，大家可以有不同的聲音，但互相尊重。你可以不認同臺灣是一個國家，但你得尊重我的認同。

時至今日，當我們以為多元價值已是普世潮流，卻在全球各地面對愈來愈多反撲的聲浪，總感覺前進一步便後退兩步；也讓我更加確信，不論是追求性別平權，或是捍衛民主自由的生活方式，都不是幾場遊行就能鞏固，而是一條很長的路。在這條路上，不論前進速度快或慢，只要停下來，就可能會被拉著往後退。

我們代表臺灣參加這場遊行是因為深知平等與自由得來不易，並不會從天上掉下來，除了要熱鬧慶祝、讓瑞典人更加認識臺灣，更要堅決守護、用行動展現我們的決心。

此外，臺灣的外交處境向來艱困，一點點的外交機會都不該被錯過。而用文化與價值觀做的外交，短期內或許沒有立竿見影的效果，但滴水穿石，贏得人心後，其影響將無比深遠且細水長流。

回想起兩次遊行當天，陽光普照，甚至有點熱（但總比下雨好），一群臺灣人與外國人團結一心，不分老少地努力幫忙布置花車和標語。其中有八十多歲、已在瑞典定居超過半輩子的長者，也有甫抵瑞典不過幾星期的留學生，大家心中都有同樣的心願——讓瑞典更認識臺灣、增加臺灣的能見度，讓臺灣與瑞典主流社會愈走愈近。

CHAPTER 3

獨居之城

平衡式擇偶

約了鄰居兼同事S出門買咖啡散步，一走就是三小時，原以為晴空萬里，走著走著卻下起了淒慘小雨，像極了我們的心境。

S和我年紀相當、職位相同，也都願意為職涯投入百分百的心力，經常一起取暖。面對工作瓶頸，她想打破玻璃天花板，我正設法衝破竹子天花板。

身為瑞典人，S應該比我更容易打破她面對的天花板，可是即便身處世界上最平等的國家之一，她還是面對著平均十二％的男女薪水差距，以及白人中年男子占據大多數公司高層的現實。

這當然不是S獨自面對的挑戰，世界上許許多多女性也和她一樣，努力地想打破常規往上爬，同時間面臨著人生中其他抉擇。

S遇上了一個（據她所稱）各方面條件都是滿分十分的男人，兩個人唯獨對於職涯有非常不同的想法。男人覺得「剛剛好就是最好」，面對工作沒有太大野心，覺得錢夠用就好，也不追求往上攀爬的遊戲，與她的心態截然不同。

「這樣不是很好嗎？你們可以互相磨合，取得一個平衡。」我說。

「我之前正是這麼想的，但若我們繼續走下去，未來的差距只會愈來愈大，從薪水到世界觀和政治觀可能都會愈來愈不同，最終影響生活方式和未來。」

我明白S的擔憂，但要找到一個各方面都完美、想法也同步的伴侶，本非易事。完美主義者的心態放入感情關係中，會自討苦吃的。

有意和S穩定下來的男人前陣子提出了一個想法，表示會百分百支持她的職涯發展，要她努力衝，自己則會持續遵循「工作生活平衡」原則，直到她的收入和職位達到一個高峰卻也無法有更多心力負擔生活瑣事時，他便願意辭去工作當家庭主夫，打理家中大小事和育兒。

我覺得聽起來是一個不錯的計畫，S淡淡地說：「聽起來很浪漫沒錯，但這不是我追求的女男平等，在一個完美的情境裡，應該是我強你也強，我們一起努力，一定能找到一個平衡解決一切難題。」

然而，這畢竟不是一個完美的世界，每天都得面對太多的抉擇和權衡，不順遂是常態；過得太順利往往還擔心運氣會否用盡、不好的事情即將降臨。感情的事本來就是冷暖自知，每對伴侶都在面對只有自己能理解與解決的課題，經常都是一段段妥協與擁抱或放手。

在最強調人生平衡和女男平等的瑞典，S並不是我認識第一個面對相同挑戰的女性，她們往往因為熱愛工作或懷抱野心而與另一半（通常是男性）產生矛盾，在自己的理想志向和人生道路中掙扎。在我身邊，這樣的女性有一半都是單身或無家庭，感情來來去去，卻也自在怡然，得以全力追求自己想要的人生。到頭來，一切都是個人選擇。我們看到的失落，可能對他人來說是一種剛剛好的最好。

那天散步尾聲，S收到男友的訊息，說他在準備晚餐，晚上六點準時開飯。她露出了淺淺的微笑。各自走回家的路上，當我還在思考著今天的事，S傳來簡訊「Let's Carpe Diem」（拉丁文的「享受當下」），我覺得是個很好的結尾。我們都有權利努力追尋自己想要的人生；但盡全力的同時，也不應忘記身邊那些最小卻最暖的時刻。

補記：此文原發表於二〇二一年五月，S在二〇二三年夏天與男友有了愛的結晶，兩人目前為同居關係。以首都市區來說，三十六歲懷第一胎的S算是很符合正常均數。與此同時，我身邊其他朋友正面臨和S一樣的掙扎，在眾多擇偶條件中困惑與選擇困難。

開與不開的關係

和許久不見的前同事午餐，吃到一半，同事放下刀叉緩緩地說，她和先生現在是開放式關係。正低頭猛塞食物的我抬頭看了她一眼，她的表情一言難盡，我大概也知道了關係進行得不太順利。

同事夫妻倆在一個熱情如火的國家相識、結婚，來瑞典前過著充實的年輕小夫妻生活。因工作來到瑞典後，或許是人生地不熟而感到新奇、或是瑞典開放的民情，先生提議嘗試開放式關係，而她向來態度開放，覺得沒什麼不妥，便同意了。

生活依舊，同事嘗試了幾段關係，覺得自由無拘束之外，每天也能有個家與愛人在身邊；可惜先生愈走愈遠，起先是晚歸，接著是不歸，最後提議把女友帶回家一起生活。她要求結束開放式關係，卻遭到先生的拒絕。她繼續堅持底線，雖然和固定男伴約會，話卻說得很清楚，自己的心已有歸屬，只是找個短暫陪伴；到了最終，男伴抱怨自己總是局外人，要求她做一個明白清楚的決定。

我身邊其實有好幾對實行開放式關係的異性與同性瑞典伴侶，有的行之有年幸福美滿、有的同樣以失敗告終，那就像每一種感情關係，終究是兩人之間的事，沒有對錯。感情關係本來就不是只有一種、也不該只有一種；而不管哪種關係，都有成功與失敗的案例。

開放式關係並不是合理化出軌，差別在於誠實、信任與規則訂定。不管是要進行開放式關係，或是要和正在進行開放式關係的人交往，都要先了解原則，知道自己與對方要什麼，懂得怎麼進場、也知道如何退場。那並非毫無原則地跟隨本能行動，而是需要高度自制與信任。

在道德感強烈的社會裡，出軌劈腿不見得較少；在較開放的社會裡，不代表沒有白頭偕老的伴侶，最大的阻力往往還是來自社會觀感，那是我們長久以來被高度道德感綁架的天性，當性愛與不忠同時發生，就會成為無法赦免也不能開口談論的罪惡。

二〇二二年底，一份由瑞典英文媒體針對一百一十位居住在瑞典並且與瑞典人交往的外國人的調查中，不少外國人都表示，瑞典人雖然表面上害羞且有所保留，性愛方面卻是相當地誠實與開放。一位俄羅斯女子說，她了解世界上許多男人都想要在現有感情之外與其他人發生關係，但瑞典的社會風氣卻是鼓勵更多人嘗試開放式關係，她用「膚淺」來形容這樣的態度。另一位受訪的西班牙男子則表示，他向來視以男性為主導的家庭為圭臬，但他的瑞典伴侶卻多次提出要嘗試開放式關係。

同樣是二〇二二年，瑞典南部城市、也是瑞典第三大城馬爾默（Malmö）有兩位牧師投書瑞典路德教會的官方報紙，主張教堂與教會應該接納所謂的多重伴侶關係（Polyamory）。這兩位女牧師指出，傳統上由宗教所定義的一對一婚姻是神聖的，也因此，多數人並無法有意義地理解並遵從。事實上，瑞典教會大概是全世界最開放與自由的教會之一，早在二〇〇九年就隨著政府承認同性婚姻，也宣布將接納同志伴侶進入教堂結婚。

場景回到午餐餐桌，我看著同事，她欲言又止。我們沉默了一會兒，我問她有什麼打算。

「還是有很多現實問題要面對啊。」她說要先去凍卵（是她公司出錢的員工福利）以預先準備未來的規畫，然後找一個小公寓獨居（就像斯德哥爾摩超過半數的戶口一樣），接著要和先生商量兩隻狗如何安排（據她所說，這將是一切安排裡最讓人無法割捨的一項），最後要辦一個盛大的離婚派對。

「我們身邊的人都知道我們是開放式關係，我們只是無法繼續下去，沒有什麼好隱瞞。」

我著實欣賞同事夫妻倆誠實的態度與開放嘗試的精神，不需要替對方委曲求全，或許規則沒訂好而越了界、或許人類的性與愛就是禁不起誘惑，人生苦短，與其不承認瑕疵，不如努力找到適合的方式。

十一月的淒風慘雨配上黑暗的天色，在這個被ＢＢＣ評論為全球最孤獨的城市裡，人們各自用各自的方式，一起探索各種感情的可能、一起孤獨，與反孤獨。

我們不結婚，好嗎

瑞典文的「我愛你」叫 Jag älskar dig（發音是「油、愛歐斯咖、茶（茶字用臺語唸）」），和全世界大多數語言一樣，開門見山。

瑞典文的情人節叫 Alla hjärtans dag，翻譯過來卻和情人無關，而是「滿滿愛心日」。情人節慶祝的是「愛」這件事情本身，對象可以是情人、朋友、父母。幼稚園通常會在這天請小朋友做愛心勞作給家人，你也可以向朋友表達自己對於這份純友誼的愛（或借題發揮）。

愛情的美好是與那份愛有關，愛本來就不是情侶之間專有，瑞典人對於相愛的兩人到底是什麼關係，看法也不是那麼的主流。

前公司人資總監E是個來自瑞典南部的活潑浪漫熟齡女子，第一眼看到她的時候，我直覺她就像影集《慾望城市》的凱莉，一頭充滿個性又散亂的長捲髮和每天混搭的穿著，經常在辦公室裡蹦蹦跳跳卻不失優雅，待人溫暖誠摯。

在瑞典，自己不主動提起的話，同事之間很少過問私生活。剛認識E時，我以為她是個享受人生又事業有成的自由女子，直到有一天她說要請長假去結婚和度蜜月，兩個讀國小的孩子是花童，我才知道原來E和男友同居多年，小孩都大了才決定步入婚姻。

E為什麼等這麼久才結婚，我沒有問，也不關我的事。他們可能在多年後終於確定彼此就是要度過終身的人，或想讓孩子們也能參與人生大事。我只知道，E的結婚禮物是先生送的印度深山靈修兩周。她說人生邁入了下個階段，要好好地做準備，負起更多責任。

E和先生都是瑞典人，對於愛情與家庭的認知大同小異。另一個朋友V和她的男友卻不是那麼和諧。

V是來自東歐的三十出頭女子，男友是南美血統但在瑞典出生長大的瀟灑男子。V的國家傳統是早婚，她的女性友人們都好幾個孩子了。V很想結婚，但男友不想，他們每每在大家面前說起這件事都會一陣尷尬。男友曾經很直接地向大家表明，他覺得現在這樣的關係很好，找不到需要結婚的理由。可是在V的文化裡，女人就是要走入婚姻與家庭，那是她的背景、她的傳統，當然還有必須向父母交代的壓力。

V和男友早已喜獲麟兒，但還是沒有結婚，持續保持著同居關係，也就是「sambo」。在瑞典與其他北歐與部分西歐國家，「sambo」是一種具有法律效力的結合模式，同性異性皆適用，甚至適用於非伴侶的兩人。「sambo」與婚姻關係一樣具有法律效力，但不用背上婚姻的意義，畢竟傳統婚姻具有宗教色彩，而在信教率極低的瑞典，許多人不願實踐。

還有我的老同事M。

瑞典的父親節在十一月初，我和好久不見的M走在大街上，店家紛紛使出渾身解數吸引注意力，折扣愈壓愈低、招牌愈寫愈大，過度商業化的陳設實在讓我感到很不瑞典，因為傳統的瑞典父親形象是溫吞寡言、博愛卻低調，就像身旁的M。

去年剛當爸爸的M年近四十，話不多的他非常擅長用鏡頭傳達感情。他用手機緩緩秀出一張張替太太拍的懷孕紀念照。照片中的妻子眼神堅定，攝影棚燈光下的五官分明，緊抿的嘴上似乎有一絲不安。

M的太太是移民第二代，她父母於一九九〇年代自戰亂的巴爾幹半島逃難來瑞典。身為虔誠的穆斯林，信仰成了他們與母國的最後一點相連。生於瑞典的開放氣息與如此的傳統家庭之間，M的太太一路掙扎，終於熬到上大學，從首都一路南下到小城念書，也邂逅了M。

兩人的相戀成了家庭決裂的開始。M從沒見過太太的雙親，因為他們始終無法接受自己的女兒愛上了一個無神論的非穆斯林。M的太太與父母長達六年沒說過話，只能透過妹妹了解娘家近況。

孩子的出生總算讓情況出現一線轉機。

M給我看一張太太端坐抱著孩子的照片，眼神依然堅定。他把這張照片沖洗出來，寄給了岳父母。不久後，太太收到簡訊，媽媽簡短地說，孩子和她小時候長得一模一樣。「她哭了好久好久，哭到無法餵母乳。」M帶著笑容淺淺地說。

結婚原本並不在M的人生選項之中，就像許許多多瑞典人，他熱愛自由、不愛拘束，認為人生大小事都應該要自然而然地水到渠成，不要人工的儀式。明白太太為了愛情付出的代價後，M堅定地想給太太一個家、給予她不論是形式上還是心靈上最高限度的保障。

在瑞典，愛情與婚姻經常是分開的。

雖然恐怕連瑞典人也無法完全清楚交代，但他們普遍是心靈非常獨立的個體，世俗的物質欲望並非長遠追求的目標，真正想追求的是一種內心的平衡和不被羈絆的自由。溫吞的形象之下，瑞典人擁有相當堅毅、就算在暴風雪中也能獨自前行的心靈。

在瑞典生活，第一件要學習的事情就是懂得和自己相處。

所謂的和自己相處，並不是獨自玩手機好幾個小時打發時間，而是在漫漫黑夜裡學會真正讓心靈放鬆不多想；在一片白淨的初雪與月光照映下，邊走回家邊思索即將來臨的長冬；在近幾永晝的七月清晨睡醒時，看著斜照房內的微微陽光卻不感到心慌惱人；在不斷重複的春夏秋冬瑣碎日常裡，重新認識自己，那個曾經因為背載了過多的他人期待而沒有方向的自己。

懂得和自己相處，你便找到了生活的模樣，不必為了滿足任何人而活著。於是，每個人都是如此獨立的個體，用自己的方式有距離地與城市裡其他個體共同生活。

當你對於人生的期待，是用在你自己身上時，兩個人共同生活就不是為了依賴對方，而是在兩個獨立個體上建造一個屬於彼此的共同未來；若哪天其中一方要離開，那個未來或許塌掉，兩個個體卻皆能再次獨立運作。瑞典以這種極度理性的方式定義著相愛兩人之間的關係。

愛情裡頭有了同居關係的保障，婚姻單純地變成了一種選擇，對於那張證書的期盼，不如面對每日柴米油鹽的實際感來得充實。在瑞典文化中，這種注重實用性的精神，更加凸顯出瑞典人的理性與獨立。

瑞典文的結婚叫做「gift」，是形容詞，若放入英文的語境裡，看起來很美麗——結婚就像是人生的一個禮物。但瑞典文裡的「gift」若當成名詞使用，意思卻是毒藥。學瑞典文時，年近七十歲的女老師和我們說，沒想好就不要結婚喔，因為禮物裡面是毒藥。

瑞典人向來不願受傳統束縛所拘束，許多人選擇留在法定的同居關係裡不步入婚姻，卻又擁有全歐盟最高的離婚率，離婚率高達四十四%。從此可知，對瑞典人來說，結婚這紙合約若能保障兩人的結合，那兩人也應充分享有合法分開的權利。若結婚只是一種選擇，離婚也不過是解除契約關係的另一種選擇，僅僅如此而已。

事情永遠是一體兩面，端看你願意拿什麼去換。你願意被親情或愛情綁架但不孤獨？還是準備好隨時孤單卻擁有獨立的自由？

獨居的美麗與哀愁

五月中的國定連假，整個城市空蕩蕩，大部分人都把握時機出門度假了。最近的天氣不錯，空氣中瀰漫著早夏的氣氛，就算沒有安排假期，也會覺得待在家是種罪惡，畢竟好天氣可遇不可求。

我整裝出門，雖然已經傍晚六點了，天色還是頗亮，氣溫仍在很不尋常的二十度，心情輕鬆愉快的我戴上墨鏡與耳機，準備出門和朋友喝一杯。

一打開門，一位年邁的鄰居站在門口，他看起來有些困惑，也有些欲言又止。在瑞典，與公寓鄰居的相處守則就是不交談、不干涉，而我又住在人來人往的一樓，我給了他一個禮貌的微笑便離開。

約莫兩小時後返回公寓，我驚訝地發現，那位年邁的鄰居仍然在公寓大門的玄關徘徊。我上前表示關心，白髮蒼蒼的他看著我，很久都不說話。我以為是自己的瑞典語不夠標準，放慢速度、咬字清楚地再問了一遍，想了解他是否需要幫忙。等他開口時，我眼角餘光瞄到他沒有穿鞋子、褲子拉鍊沒關、身上散發出微微的氣味，發覺他可能有一些狀況。

老先生緩緩地開口，問我知不知道他叫什麼名字、住在哪裡？又很吃力地說他敲了所有鄰居的門，都沒有人回應。當時，我已大概理解他可能患有阿茲海默症，平常在樓道裡見到他，和今天的狀況完全不一樣，很顯然正在發病。

我和他說，你住在二樓，我帶你上去好嗎？

我按下電梯，他卻指了指樓梯，說要用走的。我跟在他身後上樓，他愈走愈喘、愈來愈吃力，途中我聽到一串鑰匙在他口袋裡的聲音，便向他要了鎖匙，替他開門。

但老先生的狀況愈來愈糟糕，神情變得驚慌起來。

我向他解釋，這裡是他的家，並指了指門外的名字，念了一次給他聽。他慌張地和我說，自己是從芬蘭來的，然後說了一串芬蘭語，我無法理解，他也不願意進門，指著公寓裡頭說，俄羅斯人在裡面，他們殺了他爸爸。

若依年紀判斷，我猜想老先生大概經歷過一九三九年那場俄羅斯入侵芬蘭的「冬季戰爭」，俄軍苦戰，芬蘭同樣損失慘重，許多人逃命到瑞典。

我問他家裡有沒有人，或者有沒有親朋好友可以求助，但他沒聽進去，問「我在芬蘭嗎」。

我回答他，你在瑞典、在斯德哥爾摩、在你自己的公寓裡，這裡很安全。他聽了之後更加驚慌，說他一定要快點回到芬蘭，媽媽還在等他吃飯。他開始上氣不接下氣地講了一串芬蘭話，我見情況不對，一邊引導他呼吸，一邊拿手機撥打求救電話。

我不太記得接下來發生了什麼事，因為我的焦點都在確保老先生不會忽然換氣過度而倒地。我只記得自己很迅速地對著電話那頭說明地址與情況，要求他們立刻派人過來。電話那頭一個語氣低沉堅定的男子說：「救護車一分鐘後到。」

我沒有聽錯吧？一分鐘？

果真，一分鐘後，我聽到了救護車的聲音。不敢置信之餘，我心裡默默地想，高額稅金繳得實在很值得。

來了一男一女兩位救護人員，他們費了一番功夫，終於說服老先生進門坐下。高大的男救護員跪在地上，一邊細心為老先生量體溫、測血壓，一邊溫柔地安慰他、要他別太擔心，他有阿茲海默症，現在正在發病，但一切都會沒事。女救護員則專心地用手上的平板查詢老先生的過往就醫紀錄，發現他過去幾個月都有按時拿藥，非常有可能是這兩天忘記吃藥了。

她對我解釋，像老先生這類狀況的高齡獨居者，政府每天都會派專業照顧人員，一天兩班地來探望並照顧老先生的起居，確保他的日常一切無恙、按時吃藥。或許是因為這幾天是連續國定假日，照顧人員沒有出現，老先生才會忘了吃藥並發病。

女救護員繼續讀老先生的電子醫療病史，說老先生已經在這裡獨居了二十一年，沒有小孩也沒有結婚，所有的親人都已不在，膝蓋雖有毛病但身體大致健康，幾年前由於罹患了阿茲海默症，愈來愈仰賴醫療系統。

兩位救護人員溫柔說服了老先生和他們回醫院一趟，畢竟一連好幾天假期，讓他一個人，任誰都不放心。

我們一起出門，我問老先生要不要搭電梯，他揮揮手，瞪大眼睛並嚴正地和我說不能搭電梯，俄羅斯人可能躲在裡面，會攻擊我們。

我們陪著老先生，緩慢地一階一階下樓梯。為了避免老先生聽得懂，救護員用英文小聲和我說，他判斷老先生現在的記憶只停留在孩童時期、停留在那一段悲苦的戰時記憶。「愈痛苦深刻的記憶，我們往往記得愈清晰。」

原來，戰爭對於人的創傷是如此深刻，活了一輩子，最後卻只想得起痛苦的記憶，那些快樂的、美好的、喜悅的回憶，是否就這樣迷失在腦海中了？該怎樣把它們找回來呢？

那一段樓梯好漫長。我看著老先生努力下樓的身影，腦中一度閃過一個念頭，這會不會是自己未來的寫照？如果是的話，我要從今天開始，每天睡前把人生三件最美的回憶想一遍。

終於出了公寓大門，男救護員扶老先生上救護車，女救護員擔任司機。關門前，老先生看了我一眼，問我叫什麼名字。「我叫大衛。」他看著我，很吃力地擠出話，說我是一個好人，他不會忘記我的名字。

車門關上，車子開走了，留下我站在原地，眼眶溼溼的。壓力終於解除了，老先生會獲得妥善的照顧；但在這座被ＢＢＣ評為全世界最孤獨的城市裡，今天似乎變得特別孤獨，人走樓空，大家都放假去了。這棟公寓原本剩下我和老先生，如今只剩下我。

兩個月後，二樓鄰居用電子郵件告訴我，老先生被評估為無法獨立生活，被送進了安養院。

瑞典與美國的電視網二〇一四年聯手打造了一部電視喜劇《Welcome to Sweden》，講述一個典型的美國男子為瑞典女友移居到瑞典的故事。

某一集，男女主角離開公寓時恰巧碰到同在樓梯間的鄰居，美國男子興奮地以美式熱情打招呼、問候鄰居好不好，鄰居卻像活生生碰到鬼一般加快腳步遠離現場。事後，瑞典女友語重心長地向美國男子表示，在瑞典，我們不和陌生人打招呼，鄰居也是。男主角不解地說，那我們幹嘛要有鄰居呢？女主角一臉正經地回答，因為一棟公寓裡有很多間房子，要有鄰居來把它們填滿啊。

瑞典人離開自家大門前，習慣透過門上的貓眼觀察是否有鄰居在樓道裡，避免正面接觸。其他文化在意的可能是「好久沒和鄰居打招呼很沒禮貌」，但在瑞典的民族性驅使之下，需要考慮的是「打擾鄰居很失禮」。為了給雙方更多隱私，往往會在門內靜靜等待鄰居離開之後，才步出自家大門。另一個打趣的說法則是，若你樓下住著一位獨居很久的人，你要想的並不是「他獨居好久了一定很孤單」，而是考慮「他獨居這麼久了，一定很不想被人打擾」。

影集的對話多少有些誇大成分，卻巧妙點出了瑞典許多令人不解的民族性，比如悲天憫人卻又害羞內向、比如團結一致卻又獨立自主。

遠古時代的瑞典不是個富裕的地方，極寒的氣候不利於文明發展，維京海盜更被當時歐洲偏南方的貴族們視為蠻族的象徵。置身於汪洋大海中的船隻之上，求生不二法則便是團結合作，畢竟資源有限又同舟共濟，大家共享相同的命運。於是，每一個人都同樣重要、每一個人都要有獨立貢獻的能力，形成了「既團結、又獨立」的現象，大家在照顧自己的同時，也時刻設身處地、關心其他人的狀況。

而一群人在船上圍成一圈，一人傳一人，共享一壺酒時，你若喝得太多，就有可能導致下一個人沒酒喝，經典的瑞典「Lagom」哲學便由此誕生了，追求「剛剛好，就是最好」的平等自律原則；也有設身處地替他人著想的慷慨博愛。瑞典民族性裡團結一致、悲天憫人的性格，大致上由此而來。

另一個影響瑞典乃至於斯堪地納維亞半島至深的哲學是詹代法則。詹代法則是一種集體主義的概念，闡述在一個團體裡，沒有人比其他人更好、更優秀；沒有人比其他人更重要，這造就了瑞典人不喜歡麻煩人家、不喜歡炫耀自己、強調獨立自主的民族性，也習慣自己動手研究並解決問題。

與此同時，對比於南歐或東亞國家緊密的人際關係網絡，瑞典人的獨立與自強很大原因來自完善的社會福利制度。而之所以能像前一篇〈我們不結婚，好嗎？〉文中所述，以理性的方式定義兩個人的關係，其實同樣和瑞典完善的國家社會福利脫不了關係。人人都能自立，戶戶都能獨居，政府建造了完善的社會安全網，讓每一個人都能用自己最舒服的方式過日子。

瑞典擁有源遠流長的社會民主主義背景，所謂「從搖籃到墳墓」，政府的照顧深入人民生活的方方面面，創建了完善的社會安全網，接住了所有人。從幼稚園到博士都免費的教育制度，搭配上可負擔的就學貸款，讓青少年普遍都能在成年後脫離父母獨自生活。進入職場後，完善保障勞方的法律與失業後能領八成薪的制度，讓公民在就業與經濟上有所保障。組建家庭後，全世界最長的四百八十天帶薪育嬰假，讓人民能兼顧家庭與職業。而慷慨的退休金計畫和政府出資的養老之家，讓你就算隻身一人也能安享晚年。這一切的一切，讓瑞典人能夠獨立自主地走過人生各個階段，也是同舟共濟的大家付出高額稅金換來的安全感。

自然環境造就了瑞典人同舟共濟的民族性，民族性又影響了長遠的國家政策發展，回過頭來更加鞏固地深入了人民生活的各個層面。

在瑞典，尤其是首都斯德哥爾摩，有半數人口獨居。我自己、我許多瑞典朋友或外國朋友，大家都在城市裡獨立地自我運行著。半數獨居人口裡也包含了許多銀髮族，就像那位老先生。

一如你我他，老人家可能單身、可能喪偶，仍能透過強大的社會安全網獨自打理生活，經常會看到他們在超市裡步履蹣跚地購物。你以為老人家孤獨又傷心，其實從小學到的自立讓他們能獨立完成人生最後一段旅程。若以東亞文化眼光看，他們晚年寂寥，但在瑞典人的認知裡，他們是獨立又自由的晚年享終者。

然而，獨居的生活方式並不適合所有人，如此堅韌、獨立自強、替人著想的生命情調，難免有它冷酷又僵直的一面。

即便獨立自主被視為是成功的象徵之一，但若發生問題，政府的效率或照顧範圍不彰，卻又無人能求助，瑞典也有可能成為最孤獨的地方。畢竟生活不會隨時都像IKEA廣告型錄溫暖和樂，人生的問題也不像家具組裝手冊只有簡單幾個步驟。在瑞典生活，得擁有像瑞典人那樣就算在暴風雪中依然能夠獨自前行的堅毅心靈，才能享受到這份「一起孤獨」的自由與充實。

根據歐盟統計局的數據，瑞典有接近一半的家戶是獨居戶，在歐盟國家中比例最高，包含我和老先生。在社會主義的長期薰陶下，人民養成了為自己負責、獨立的民族性；也早已習慣了被政府照顧。但就在今天晚上，我徹底體驗了一種獨特的孤獨，雖然獲得妥善的照顧，卻總覺得少了什麼、惆悵揮之不去。今晚，是否有另一位老人正經歷一樣的痛苦，卻沒有獲得幫助？

CHAPTER 4

瑞典不是烏托邦

上流社會

二〇一九年 Netflix 有一部瑞典語影集《Quicksand》，非常寫實地呈現出斯德哥爾摩上流社會的縮影，尤其是家庭教育問題和氾濫的毒品現象。

影集故事圍繞在斯德哥爾摩 Danderyd 區，全瑞典最小也最富裕的區域之一。不論是豪宅、名車、家具、幫傭、騎馬和奢華的生活方式，真的很難想像發生在瑞典，但這樣一群上流家庭卻是真實存在於現實生活中。

住過斯德哥爾摩的人都知道，高級住宅區、富人區、中國人區、土耳其社區、伊拉克社區等，每個區的社經狀況相異，區內的學校品質差異也愈來愈大。和初識者聊個幾句，知道對方住哪裡、住了多久，基本上就掌握了他的背景與經濟狀況。雖然城市內的階級現象在國際大城市並不陌生，卻挑戰著瑞典的傳統。詢問瑞典友人，他說近一二十年來，首都的階級現象愈來愈明顯，過往那種平等均富的瑞典形象，現在可能只存在於小鎮或鄉間。

影集中，富裕的父母階級複製了孩子的未來，上流家庭彼此之間緊密連結，盼望自己的孩子能認識更富裕家庭的孩子。這些含著金湯匙出生的小孩全都就讀同一所真實存在於 Danderyd 區的富人區高中，喪失金錢概念的他們沉浸於奢華派對甚至毒品交易，天真又危險地邁入了十八歲。

我想起了待過的某公司隔壁部門那個金髮小伙子，他從瑞典最好的商業學院碩士畢業，開名車上下班，每天都是貴公子打扮，很樂於和我分享身上行頭出自哪一個名牌。認識不久後，他開始好奇我是否來自臺灣的首都、父母的職業、在臺灣是住房子還是公寓。金髮小伙子並沒有惡意，人挺好的，這只是他用來判斷階級的一種方式，對於出身名流的人來說，藉此將剛認識的人分類，再自然不過。

前公司的人資部門面試過一個原本差點要派給我的實習生，說從姓氏來看就知道這位二十二歲的女孩子來自頗有勢力的家庭，而她一開口就要了個天價薪水，大概是超過二十年資歷的專業行銷人才有的價碼。根據人資同事轉述，女孩子很誠懇又天真地表示，她媽媽是某某某、她爸爸是某某某、家裡住在某某區，必須要有這樣的薪水才能繼續維持她的生活方式。能怪她不懂市場規則嗎？她從小到大的所見所聞，都默許著她擁有這樣的金額。

該劇另一大亮點是巧妙傳達了瑞典社會想談卻又不敢談的難民問題。劇中的富家子弟在晚餐聚會時不忌諱地說出了「敘利亞的博士難民來瑞典開計程車和當幫傭」。這句話乍聽之下非常政治不正確，現實生活中卻有其真實性。許多戰亂國家的高級知識份子逃難到瑞典後，無法找到與自身專業相符的職位，因此改行開計程車或從事幫傭。雖然全是正正當當要繳稅也有市場需求的工作，但在金錢價值觀混亂的瑞典富二代眼裡，卻屬於帶有貶義且被拿來嘲弄的工作，當然也不存在富二代與難民後代之間的相處。而在他們說話當下，負責為家庭晚餐上菜的傭人是個亞裔面孔。

現實的瑞典尚未出現嚴重的仇富，劇中人物的階層則屬於瑞典均富階層之上的更上層樓，這部由小說改編而成、《龍紋身的女孩》編劇參與其中的劇集，點出了瑞典富裕階層的種種問題，刺激了社會思考。

除了勇敢指出瑞典正在面臨的問題，這部劇集同樣點出了瑞典下一代正在挑戰傳統的價值觀，還巧妙點出了社會大眾和輿論如何曲解與誤判殺人犯，也讓人一窺瑞典的司法途徑與沒有死刑的判決方式，並在一片黑暗中點綴了人性的光輝，巧妙加入了加害人家屬與受害人家屬之間的互動。

整部影集除了劇情緊湊題材又新穎，選角與演技也相當出色，劇組沒有挑選一些長得像仙女仙子、不食人間煙火模特兒，而是非常典型的瑞典人，演技自然且內斂，配上所有的真實場景，讓人打從第一個鏡頭就很容易入戲。

瑞典有很多極好的地方，但烏托邦並非永恆，全球化影響下，如今的瑞典面對的問題其實不少。每個國家都在全球化的影響下努力走出自己的路、努力維繫自家源遠流長的優秀傳統。他國榜樣固然可當他山之石，但家家有本難念的經，最終還是要誠實地面對自己的問題。

我們都是瑪莉亞

在瑞典工作以來，我換過不少公司，都是很典型的大型辦公室，有前臺接待區、工作區、休憩區、前臺咖啡廳、內部廚房茶水間等等，自然也就需要日夜班的清潔人員以維持辦公室的整潔。

就連講求平等的國家如瑞典，這類職位都是外包給清潔公司，通常不會直接聘用，畢竟不是企業需要的知識密集型勞工，而是用勞力換取報酬的傳統職位，取代性高。清潔公司聘用的清潔人員絕大多數都是在經濟與社會上較弱勢的族群，大部分是難民或從經濟較差的國家來的移民，領著極低的薪水和忍受著遊走法律邊緣的工作條件，在瑞典求一頓溫飽。

凱西是我在某企業任職時的辦公室清潔人員，辦公室雖不大，她卻要在早八到晚五的時刻，獨自張羅辦公室內的咖啡茶水、廚房整潔、每小時清掃七間廁所、整理會議室、偶爾辦內部活動的時候還要幫忙。任勞任怨的凱西五點下班後還要再去其他辦公室做第二份清潔工作，直到晚上十點才拖著疲憊的身軀回家。

凱西是希臘人，單親媽媽，留下青少年的兒子在雅典，隻身一人來瑞典工作。希臘自從二〇〇四年辦完雅典奧運後經濟就沒有起色，一批又一批希臘人，不管男女老少，漸漸地移居海外討生活，凱西也不例外。

凱西先被一間希臘的人力仲介公司雇用，這間人力公司把她介紹給瑞典的人力公司，瑞典的人力公司再將她轉介給瑞典的清潔公司，最終瑞典的清潔公司把她派到了我當時任職的企業。一路下來，凱西等於被剝了三四層皮、酬勞被一層又一層抽佣，只求在瑞典一頓溫飽，省吃儉用，寄錢回家養父母和兒子。這種乍聽之下並不妥當的移工轉介方式，在瑞典卻沒有觸犯法律，因此絕大多數企業都是透過這樣的轉介移工模式雇用辦公室清潔人員。

我和凱西相處得很愉快，辦公閒暇去廚房拿杯咖啡，經常和她聊到停不下來。我們都是移民身分，沒什麼不同，都是為了工作而在這個國家定居，我們聊過往的人生、聊家人、聊旅行、聊希臘、聊假期計畫。有次聊得差不多了，我拿起咖啡，說要回去辦公桌上班了，她笑笑地對我說：「整個辦公室裡面，你就是我最喜歡的人。」我愣了一下，開玩笑地回說，難道妳討厭其他人？她噗嗤一笑、停頓了幾秒，緩緩地說：「只有你願意花時間和我聊天。其他人只是應付我一下而已，畢竟我只是個清潔工，他們哪需要和我交朋友？」

對我來說，凱西的故事並不陌生。

在前一個公司任職時，一位叫做帕提的清潔工來自泰國，我們同樣和樂相處，或許是因為我們都來自亞洲，從第一次接觸就輕鬆搭上了線。當時那一棟獨棟七層樓高、能容納上千人的大型瑞典企業裡頭，亞裔員工比例極低。帕提第一天來清潔時，我正好在茶水間等咖啡泡好，她好奇地上前找我攀談，一開口便先問我是不是泰國人，我說不是但我們很近，我來自臺灣。熱情的她立刻說好想去臺灣玩，喝珍奶吃小籠包，我們於是漸漸成了辦公室內的好朋友，偶爾幾次看不到她進公司，我還擔心她是否離職了。

帕提有著泰式的樂天心態，會和我開玩笑說昨天沒進公司是因為她「在家工作」。但我們都懂，身為清潔工的她怎麼可能在家遠端工作呢。直來直往的帕提個性鮮明，有次和我說，我這種亞洲人是「高級（fancy）亞洲人」，可以在辦公室穿得光鮮亮麗用電腦工作，她卻只能用勞力工作。我聽了同樣惆悵，鼓勵她說，我們都是認真工作、努力付出的人。

帕提出身貧寒，在曼谷打工時遇見了一位瑞典男人，承諾要帶她回瑞典。帕提想都沒想就答應了，當時的她極力想擺脫一蹶不振的生活，而富裕的瑞典正招手著，怎能錯過？

然而，兩人是在瑞典男子度假期間認識的，一切都如此美好，直到真正來瑞典後，面對柴米油鹽醬醋茶，現實的浪潮一波又一波襲來，人不生地不熟、語言也不夠暢通的兩人，有時連晚餐要吃什麼都溝通困難，帕提也漸漸認知到，她的瑞典男人並不富裕，她必須要自食其力。沒有學經歷的她，只能先從泰式按摩院開始做起，面對不合理的酬勞抽成與經常發生的性騷擾，帕提還是一步步地穩定了下來，逐漸能用瑞典語交流，也有了孩子，並轉換跑道在清潔公司工作。

可惜好景不常，老公再次跑去泰國玩，認識了一名比自己更年輕的泰國女孩，想把女孩用一樣的方式帶回瑞典，於是兩人離了婚，協議共同撫養孩子。帕提說，她必須更努力工作、賺更多錢，否則擔心兒福機構會以她經濟不夠獨立為由，要求法院重判撫養權給前夫。

事實上瑞典有千千萬萬個帕提，都是因為感情關係而來到瑞典。

瑞典的婚姻移民法規相對寬鬆，泰國擁有便宜的消費與迷人的天氣，自然吸引了大批瑞典人前去度假晒太陽。美好的度假氛圍中，來自地球另一端的異國瑞典男子遇上當地泰國女子（或是瑞典同志遇上當地泰國同志），浪漫的邂逅帶動了一位又一位瑞典人，牽著一位又一位的泰國人移居瑞典。然而，語言文化隔閡與現實考量終將戳破美好的粉紅泡泡，過往的愛意轉化成眼下的不解與煩悶，家暴事件頻傳，駐瑞典泰國大使館甚至成立了熱線，鼓勵遭受家暴的泰國移民勇敢尋求幫助。不過，大多數泰國女子都選擇沉默，原因是擔心離婚後會立刻喪失瑞典居留權，也會成為弱勢家長，喪失孩子的撫養權。

有次我放假打算去泰國玩，帕提聽了便熱切詢問我能否幫她買一瓶泰國出產的臉部保養品，她說瑞典保養品太貴了，捨不得買，但又已經四年沒有回泰國，省吃儉用都為了孩子。我最終幫她把保養品帶了回來，她開心到給了我一個大大的擁抱，隔天還特別買了一杯咖啡給我。很顯然，帕提對我的感激不僅於此，幾天後，她用試探的口吻問我是否單身，她身邊有好多單身的泰國同鄉可以介紹給我，我聽了真是哭笑不得，卻也感激她的熱心。後來我和帕提失去了聯繫，好久都沒看到她來上班，手機號碼似乎易主，我最終也離開了那間公司，再也沒有遇到她。

帕提和我說過，要賺夠錢，回家鄉蓋一棟房子給爸媽和兄弟姊妹住，不知道她成功了沒有。我想起了菲律賓好友H。

我和H是在朋友聚會上認識的。H一得知我來自臺灣，當場便興奮地說我是他第一個認識的臺灣人，小時候家裡好多人到臺灣工作，爸爸媽媽叔叔伯伯阿姨姑姑，返家時都會帶五花八門的玩具給他，所以他小時候覺得臺灣是一個美好又豐足的玩具王國。H邊帶著微笑邊說，我則想像著怎樣度過一個沒有大人的童年，想著幾百萬菲律賓人流散海外，一個又一個的異鄉人，努力賺錢養活了一代又一代。

H在旅館做清潔人員，為了多賺一點錢，每天自願上最早的凌晨四點班，最後成功在馬尼拉近郊替全家蓋了一棟房子。但是，長年睡眠不足又勤奮勞動，換來的代價是身體大小問題不斷，我問H這樣值得嗎，他說因為自己是同志，家裡的人都不太喜歡他，現在總算揚眉吐氣，盡了照顧家人的義務，算值得吧。

或許是天性愛交談、總是對人的故事著迷，我後來到了一間新公司，也馬上和辦公室清潔人員交了朋友。

薇拉來自阿爾巴尼亞，這個位於東南歐的國家長年經濟不穩定，被視為歐洲最窮的國家之一。薇拉和我年紀相當，很年輕時就結了婚，目前是單親媽媽，和青少年的兒子一起住在斯德哥爾摩郊區的迷你公寓裡。她說丈夫長期失業又酗酒還有暴力傾向，為了給兒子一個更好的未來，決定帶著兒子出國賺錢。

薇拉和凱西一樣，都是透過當地的人力仲介公司，一層層轉介到瑞典來工作，因為中間被抽成了很多，薪水實在很低，因此除了早八到晚五要在我們辦公室工作，她晚上五點後還會去其他辦公室打掃，周末再去做居家清潔。

薇拉天性樂觀開朗，很容易和辦公室裡的人打成一片，因為過去在阿爾巴尼亞做旅遊業，經常接觸外國遊客，她的英語說得非常好。薇拉知道清潔工作並非長久之計，非常積極地尋找其他出路，只要一有空檔便努力讀瑞典語，擁有大學學歷的她希望能找到其他非勞力的工作。清潔工總是需要洗碗、拖地、掃廁所，衣著方面以輕便為主，但有時候薇拉會精心打扮來上班，雖然並非最實際的工作穿著，卻不難理解她偶爾也想要感到特別、感到美麗，暫時逃脫清潔人員的身分。

有一次薇拉站在水槽旁邊，一臉憂愁地揉著她的上衣，那是一件很精緻的淺色絲綢上衣，從沒看她穿過。她說洗碗時不小心把髒水濺到衣服上了。但樂觀的她馬上又笑著說：「上帝在警告我，我這種人不適合高級打扮。」直到今日，想起那個站在水槽旁、一臉惋惜的薇拉，仍讓我感到鼻酸。

我後來在那間公司代理了八個月的管理職，也讓我成了薇拉的管理者。我們偶爾會有一些意見相左或是小摩擦，但大致上來說相處得很愉快。有天早上她打電話給我，邊啜泣邊道歉說她今天會遲到，因為昨天晚上臨時被抓去做一份清潔工作直到午夜，早上因此睡過頭。電話那頭，薇拉苦苦哀求說，千萬不要告訴她的清潔公司，因為會被扣錢。我聽了非常心酸，告訴她別多想也別著急，整裝出發來公司吧，沒事的。

薇拉最終離開了瑞典，被瑞典移民局強制遣送出境。她初抵瑞典時，雇主遺漏了一份資料，就在薇拉申請延長簽證時，被移民局發現了，因此以資格不符為判決，要求薇拉在四周內離開瑞典、離開歐盟區。薇拉用盡了她在瑞典辛辛苦苦存下的所有積蓄，大約十六萬臺幣，找了一個律師幫她上訴打官司，最終以失敗結尾。

我們私下替她辦了一場募款活動，薇拉人緣很好，辦公室裡的人多數響應，至少籌得了薇拉原本擁有的積蓄金額，讓她日子不要這麼難過。她在瑞典辛苦工作四年、努力繳稅、認真學瑞典語，只求在這新國家能覓得一席之地，兒子也在瑞典上了四年學，母子卻終究得離開。

我心中有許多不捨，但更多的是對於體制的不諒解與憤慨。我問薇拉，真的沒有其他辦法了嗎？真的不要再努力重新上訴一次嗎？真的就這樣了嗎？

原本在拖地的薇拉停下動作，看著我，那個眼神，至今我仍記得清晰，那是一種複雜的情緒，帶著惆悵與怨嘆，但更多的是認命與堅毅。她低聲說：「我們這種人啊，若是做錯事情，是沒有第二次機會的。」

身處歐洲最北側，亞洲遊客不易造訪，再加上刻板印象，使得許多臺灣人以為走在瑞典的街道上會看到同質性很高的金髮碧眼高䠷人種。其實瑞典人並不是大家所想的「白又金」。根據瑞典統計局公布的資料，接近二十五%居民有外國背景，也就是在外國出生、或父母均在外國出生。若只看父母其中一方是外國出生，比例甚至高達近全國人口數三分之一。

身為一個外國人，我比較幸運，在瑞典多年雖然偶爾有一些不快，但並沒有受到非常明目張膽的歧視。我得到了做為一個移民、外籍勞工該有的尊重與權益。我在瑞典這塊土地上追求夢想的同時，也用我的專長貢獻企業與社會，我勤奮工作、繳稅、盡責地做到一個居民該有的義務。

我和其他成千上萬的外國人一樣，一起在就業市場裡與瑞典本地人競爭。土生土長的瑞典人固然有主場優勢，但來自各國的人才也為瑞典眾多大型企業乃至中小企業與新創公司注入了嶄新的活力與視野，讓人口數直到二〇一七年甫破一千萬的瑞典，孕育出眾多國際知名企業與獨角獸新創。辦公室裡，各種不同口音的英語與瑞典語交互溝通，茶水間偶爾還聽得到各國的家鄉話，這是國際公司的日常，雇主也以多元文化的環境自豪。

凱西、帕提、薇拉與H，他們和我雖然工作不同、留下來的目的也不同，但我們同樣都是異鄉人，白領的辦公室工作也沒有讓我覺得比較優越，卻特別能夠感同身受他們的處境，尤其是身處經濟比家鄉還強勢的國家。我們統統都是瑞典這個國家裡辛苦的移民、移工縮影。

身為一個外國人、置身於一個傳統上非熱門的移民國家，多多少少會質疑自己在這個社會的存在。有時候別人一個無心的眼神、一個下意識的動作，都能造成久久的困擾，懷疑自己是否哪裡不對勁，而且逐漸地把自己分類在「我不一樣」的選項裡，覺得自己總是不夠，忘記了自己是多麼努力地工作、守法地繳稅、勤勞地做回收，天天步步為營，深怕自己做了一小件錯事就被放大檢視，只因為自己是如此不同。

我想起了二〇一九年三月初，時任高雄市長韓國瑜失言風波那天自己在網路上被瘋傳的貼文（以下為節錄，摘自原始貼文）——

當我們用「瑪莉亞」指稱在臺灣的國際移工，認為「瑪莉亞」就該做瑪莉亞的工作時，有兩件要思考的事。第一，如果「瑪莉亞」是指努力認真工作賺錢追夢養家的人，那麼我是瑪莉亞，你也是瑪莉亞，千千萬萬的瑪莉亞撐起了臺灣和眾多土地上一個又一個的家；第二，「瑪莉亞」接起了許多最辛苦、責任最重大的工作，不僅工時長、薪水普通，離鄉背井身為異鄉人的同時，又要承受許多異樣的眼光。我若是遭受如此待遇，真不知要怎麼撐下去。

為了家。

H的工作是輪班制，地點離住處三十公里遠，真真實實地用辛苦的勞力養活了一大家子人，爸媽老了不能在國外繼續工作；兄弟姊妹一樣離鄉背井打工。H說，一定要想辦法送姪子姪女們讀好大學，找到好工作，不能一家好幾代都這樣海外打工。

可是，就算真的成為白領，若去了亞洲其他較富有的國家，歧視會少嗎？

我其實也有來自菲律賓和泰國的辦公室白領朋友，他們曾表明自己家裡的背景不差，從小就是準備好要出國深造的，明顯想表達「我和H不一樣」的重點。不知道是否因為我是臺灣人的緣故，不想被我歧視？還是長久以來感受到臺灣人對他們的同胞展現出來的優越感？

當有一天，來自東南亞的新住民，說著各種腔調的中英文和大家在辦公室當同事，大家能像對待來自歐美國家的國際移工一樣對待他們嗎？

臺灣幾百年來一直是個混血島嶼，承載著不同的文化，彼此碰撞又融合，成就了今天的我們。二〇一四年的調查已顯示，臺灣每十個國中新生，就有一個來自新住民家庭，國小的比例更高，每八個就有一位是所謂的新臺灣之子，這個數字今天很可能更高。

臺灣人口快速老化的同時，社會的組成結構也在改變，我們需要用更寬敞且平等的眼光去看，不管是看東南亞還是西方世界；得用更包容開放的態度去接納所有的新臺灣人，他們給了臺灣新的文化契機，讓我們與東南亞愈來愈近的同時，也建立起更緊密的血緣與文化。

就像二〇一九年在屏東登場的臺灣燈會主燈「海之女神」，新住民用一個又一個的故事編織了守護支撐臺灣的新樣貌。他們的故事和我們的故事，最終將變成同一個故事，更加豐富這個島國上的生命力。張正的《外婆家有事》裡有句話說得對：「他們過得好，我們才能真正過得好。修正我們的偏見，才能看到完整的世界。」

年紀愈大，心態似乎愈實際，希望每一個外國人都能被善良對待可能是個夢想，但願我們每個人至少有將心比心的能力，為這世界減少一些苦難和傷心。

「色盲」的種族融合政策

二〇一三年五月某個周一早上七點半，我一如往常地走出斯德哥爾摩地鐵藍線尾站，即將入春的天空微微亮，空氣冷冽乾爽，自然的青草味中帶著一絲汽油與燒焦味，漫步走向辦公室途中，我又看見了一輛剛被燒至殆盡的汽車，昨天看到的那輛已經不見，估計是被警方處理掉了。那段日子是斯德哥爾摩治安的黑暗期，警方執法時不慎誤殺了一位住在該區的居民，民眾的抗議逐漸失控，轉變成為連續好幾個晚上的暴動，超過一百五十輛該區車輛遭到縱火。

藍線地鐵尾站這一帶住著大量來自阿富汗、伊拉克、索馬利亞和厄立垂亞的難民及其二代，失業率高，也導致了治安差，若要探討何謂失敗的種族融合政策，該區可謂活教材。從戰亂國家來到瑞典避難的第一代難民，被政府一波又一波地安排住進原本人口密度不高的城郊，對本地人產生排擠效應的同時，反而因為文化親近性與下跌的價格，更加吸引相同背景的民眾湧入，逐漸形成了國中國、市中市。阿拉伯語成了這一帶的通行語言，街區經常看到阿拉伯文招牌，當地居民看似永遠無法融入瑞典社會，也給了極右派政黨成長茁壯的養分。

在此區出生與成長的難民第二代懂瑞典語和瑞典文化，了解為什麼自己長大的郊區是大家聞風喪膽的「非穆斯林止步地區」，聽得懂媒體上大家對他們的討論，卻因環境和背景而永遠無法融入主流瑞典社會，難以覓得一份像樣的工作，被夾在兩種文化與現實之間，時間一久，除了無奈，更有不解與憤怒。

其實從一九七五年以來，此區就接連發生零星動亂，二〇一三年這場暴動以前，還有二〇一〇年接近上百名青年對警方砸磚頭、縱火等案件，讓許多保險公司拒絕該區居民投保、房價一跌再跌。從斯德哥爾摩市中心搭地鐵到此不過二十多分鐘車程，卻宛如進入一個新國度，成了瑞典極右派口中的失敗移民政策最佳範例。

某次同事餐敘，老闆順口問起同事莫娜在成長過程中有沒有感到被排擠與不安。我清楚記得，莫娜還沒開口，兩行淚已經滾落，「我和大家一樣，都在這裡出生長大啊」，她邊擦掉眼淚邊說。

莫娜是巴勒斯坦與黎巴嫩難民的後代，父母逃離戰亂來到瑞典，在這塊土地上孕育了三個孩子，莫娜身為長女，從小到大親眼目睹了許多對自己與兩個弟弟的不公平事件。身為穆斯林，莫娜從沒在瑞典戴過頭巾，是個喜歡小酌、也喜歡和女朋友們外出夜歸，有一份穩定工作與自己的市區小公寓的四十多歲單身女性，生活型態和一般金髮碧眼的瑞典女性沒有兩樣。兩個弟弟同樣是標準的城市單身漢，留著有個性的鬍子、打扮時髦、喜歡混酒吧、看足球、上健身房，和一般瑞典男人差不多。若要談到融入當地社會，莫娜家三兄妹可說是非常成功。

有次莫娜的小弟健身完，一如往常地搭地鐵回家。據他所述，地鐵裡一個中年婦女緊緊地瞪著他，在眾人面前斥責並要求他打開碩大的健身包，宣稱裡面有炸彈。無奈的他只好打開包包，證明裡面只有球鞋、毛巾和髒衣服。

對於穆斯林的不友善已經不是新聞，但莫娜身為一個穆斯林女性，夾在兩種截然不同的文化之間，處境更顯尷尬。

二〇一八年，丹麥通過了禁止穆斯林女性在公共場合佩戴傳統頭巾的法條。還記得那是一個上班日，莫娜看起來很沮喪，我們在茶水間閒聊，她緩緩地說，父母並沒有強迫她戴頭巾，自己非常幸運，「但不是每個人都有選擇的權利。對於那些必須配戴頭巾的姊妹們來說，這條法令只會讓她們更加無法出門，對女權來說反而是一個更大的阻礙。」另一方面，因為擁抱瑞典和西方的生活習慣，莫娜被親戚和傳統的穆斯林男性形容成是一個不檢點的女人；可是面對愈加要求民族融合的瑞典，她似乎又做得還不夠。

前同事伊德瑞斯就是一例。

伊德瑞斯五歲時隨著庫德族父母逃離不穩定的土耳其時局來到瑞典，他努力求學、從一流大學畢業，最終獲得了公司的儲備幹部職位。那是一個非常競爭的職缺，每年都有大量應屆畢業生角逐區區幾個位子。伊德瑞斯和我說，面試官問他是什麼因素促使他一路都這麼拚命時，他想不出答案，卻忍不住落下淚來。難民的出身讓他必須比其他人更努力、接受更多失敗，才能獲得相等的機會。

我對伊德瑞斯的印象是永遠西裝筆挺、清爽又有精神，幾乎沒有看過他不穿西裝的樣子，他努力營造出一個成功男子形象，但他的兒時好友可不認同。有次下班喝酒，他說從小一起長大的哥兒們覺得他變了、只想諂媚瑞典白人，簡直是背叛自己的出身。「對瑞典來說，我總是不夠好；對我的背景來說，我又不夠愛家鄉。」

我大概懂這種處在中間的尷尬，離家十數年，往往覺得自己兩邊人都不是。幸運的是，我暫時是被瑞典與西方社會歸為「還可以接受的移民」，來自戰火摧殘和與恐怖攻擊畫上等號的中東移民所經歷的困難，我無法想像。

除了這些融合較成功的移民案例，事實上，瑞典還有許許多多沒那麼開朗的案例。別的不說，光名字就會影響命運。

不管是約翰或瑪麗，我們大概從小都覺得，要把外語學好，從名字開始就要道地一點，彷彿從那個名字冠到身上開始，就更能被金髮碧眼的外國人接受。這種想被西方認同的渴望，隨著外文名字一路陪著我們進入職場、公司，甚至國外。隨著愈來愈多瑞典人了解這個狀況，我已經不只一次被同事問「真正」的名字是什麼？這也不是臺灣特有的現象，香港與新加坡都有，但他們有被英國殖民的歷史，用英文別名有其歷史因素。隨著中國民族意識抬頭，愈來愈多海外中國人捨棄英文名字、回歸本名的羅馬拼音，就像韓國、日本及泰國向來使用原名拼音一樣。

二〇一三年，一位來自羅馬尼亞的學生攻讀碩士後想留在瑞典工作，寄出了將近兩百份履歷卻了無音訊，決定來個大膽的嘗試。他準備了四十份履歷，其中二十份使用本名與個人大頭照，另外二十份則拿掉照片並改成瑞典常見的姓名，內容也做了先後順序的安排。他把四十份履歷寄給二十個正在招聘相關職位的公司，每間公司都收到一份真實的履歷與一份編造的履歷。結果二十份真實履歷全部石沉大海，編造名字的履歷則收到了十三份面試邀約。

這則新聞當時造成了不小的討論，雖然實驗樣本很小，只能拿來窺測，無法做為根據，但瑞典隆德大學一份博士研究指出，在就業市場裡，瑞典姓名的求職者能拿到面試機會的比例，遠高出阿拉伯姓名的求職者五十%以上。

一個名字承載了語言、文化與期待，在原生國家可能是一種認同，到了國外卻不一定是同樣美麗的風景。在一個新國家開始第二人生的時刻，你的名字代表的，是否還是原來那一個你？而瑞典，難道不是世界上最不存在歧視的國家之一嗎？

事情只有相對，沒有絕對。在瑞典人博愛的個性下，或許做到了表面上的政治正確，不會第一時間說出真心話，但不代表刻板印象不存在。人對於不熟悉的事物都會自然產生排拒，對熟悉的人事物則感到心安。

在瑞典，許多公司以接納多元文化自豪，認為豐富的觀點能為公司帶來新氣象、更能激發創新。另一方面，瑞典需要大量勞動力同樣是不爭的事實，人口僅一千萬的瑞典養育了眾多國際大品牌，在新時代與全球化的催趕下，這些帶有傳統瑞典精神的品牌需要更宏觀的視野才能繼續出類拔萃。瑞典同時還是個移民國家，總人口中有二十五％是外國人或父母雙方皆為外國人；若算進父母其中一方是外國人，比例更高。

然而，如此事實，依然沒有辦法消除既有的刻板印象。

身為一個擁有社會主義精神的國家，縱使國內各種移民的文化同質性低，瑞典仍仰賴高度的向心力去實行社會主義的博愛無私互助精神；然而，近十年歐洲移民的難民數字升高，間接影響了西歐的人口與文化版圖，也給了極右派與國家民族主義崛起的養分。這波浪潮同樣漸漸傳入瑞典。一個有外國名字、不能講本國語言的外國人，很容易被貼上標籤。

瑞典失敗的移民融合政策，不光是瑞典首相在二〇二二年某場記者會中公開承認，就連聯合國官員前幾年訪查後都表示情況令人擔憂。而其中最大的憂慮，便是瑞典不願意且尚未開始進行的種族數據調查。

簡單地說，就是無法從瑞典官方統計的數據，得知每個城市鄉鎮地區有多少穆斯林、亞洲人、拉丁美洲人；政府手中擁有的最接近數據，僅能統計國民的出生地在本國或外國哪些國家，但對於二代移民以及已經在瑞典的人來說，完全無從得知他們的種族。然而，缺乏這類相關數據，自然無法有效、有系統地追蹤分析各類種族歧視的程度與數量，當然也就無從得知瑞典移民融合政策的效果。

看似「色盲」又非常鴕鳥心態的政策，背後的道理是這樣的。一開始，瑞典政府認為不論種族，每個生活在瑞典的人都該平等與受到相同的待遇，如此大前提之下，採集種族資料與分類，反而容易助長種族不平等。原本立意良善的考量，多年後的今天竟成了種族融合的最大絆腳石。「瑞典式心態」同樣於此顯露無遺——因為想避免衝突，於是避而不談，以為事情最終將迎刃而解。

有個瑞典友人就說過，政府收了大量的難民，將他們安置在城市郊區，以為讓人民看不見他們就沒事，長久下來卻對誰都沒有好處、對誰都不公平。我們往往只能把難民視為一整個群體，卻忽略了在「難民」這個集合詞之下，有著千千萬萬個不同的人生故事、有各自的酸甜苦辣、有各自的夢想與期待、有愛與被愛的渴望，還有無數的心碎。

奈及利亞裔的瑞典作家 Lola Åkinmade Åkerström 二〇二一年出版了一本飽受爭議

的書《In Every Mirror She's Black》，講述三位背景截然不同的非裔女性，共同在瑞典經歷不同程度歧視的故事。這本書的原文是英語，後來被翻譯成十四種語言，獨獨沒有瑞典語。其實有一間規模不小的瑞典書商願意出版瑞典版，前提是 Lola 必須刪改書中部分片段，擔心這些段落會「引起瑞典讀者的不自在」。

Lola 簡直不敢置信，身在堪稱最民主也最有言論自由的瑞典，出版商竟然要求作者修改內容。她在某次英文廣播專訪中提到，出版商指的「瑞典讀者」，其實只是瑞典白人，因為據她所知，許多非白種的瑞典人，在瑞典都經歷過不同程度的歧視與不安。

解決問題的第一步是——先承認問題存在，但在凡事講求和諧、極力避免衝突的瑞典，問題不一定不存在，而是必須要存在於某一個令人能夠接受的範圍與區域之內，讓大家知道，問題其實在那邊，但我們暫時可以不用去解決它；或是可以用最小限度的努力去嘗試解決它。

就像那條長長的地鐵藍線，從首都市中心最繁華的精華地帶一路通往宛如另一個國度的尾站，大部分的人半途就會下車，無所謂，只有那些得通往尾站的人，需要面對裡面的問題。

當穆斯林家庭成為國家電視劇主角

我花了三天看完由瑞典國家電視臺（SVT）製作的影集《哈里發》（*Kalifat*）。這部於二〇二〇年初播映的影集由於碰上疫情，該有的熱度和討論隨之降溫，卻依然拿下了瑞典水晶獎（Kristallen，因獎座是一柱瑞典水晶而得名，有點類似臺灣的金鐘獎）最佳男主角和最佳女主角。

《哈里發》講述的是生活在斯德哥爾摩的穆斯林難民，與其下一代在瑞典這個國家的掙扎和挑戰，圍繞著瑞典反恐場景和踏上伊斯蘭國的旅程。這部瑞典語發音的影集會改變許多人對瑞典的刻板印象：美麗的首都街道全換成了移民郊區的密集住宅，講著瑞典語的演員大多不是白又金的傳統瑞典人。

我滿心佩服官營並靠稅金生存的瑞典國家電視臺膽敢拍製此片。

但凡曾在瑞典生活的人都知道，必須在公眾場合保持政治正確，難民議題則是一個絕不在職場和人際間談論的話題，它的爭議太大、跨越的議題太廣泛，可能馬上被扣上種族歧視或大左膠的帽子。於是乎，在各種政府政宣與企業文宣上看到的，通常是難民完美融入瑞典社會的種種「成功案例」。

但是，當難民被用一整個群體的概念去檢視時，我們往往已經忽略了個人的掙扎與苦難。可愈不去談論它；它將益發成長茁壯。

正如同這部戲的核心人物之一——女高中生 Sulle，在瑞典出生長大的穆斯林家庭第二代。Sulle 意識到，就讀移民區中學的自己不會被主流瑞典社會接納；覺悟到，不管自己與同學能不能讀完高中，都只能在瑞典做最基礎的工作或失業，渴望被認同的情結激發了 Sulle 想加入伊斯蘭國的決心。

的確，益發嚴重的教育隔閡向來是瑞典政府的大難題之一，種種因為家庭或認同問題而無法專心於學業的青少年聚集在一起，已經讓一些學校成為犯罪的溫床。

家庭問題方面，過去這幾年陸續有瑞典媒體報導，有的穆斯林家庭因為經歷無情戰亂，父母極力阻止子女成為教徒或被激進化；有的穆斯林家庭希望後代繼續實踐宗教傳統，規定子女只能與穆斯林戀愛並要求女兒戴上頭巾，因此與早已瑞典化、西化的兒女起了各種衝突。家家有本難念的經。

不意外，《哈里發》引發了正反兩面辯論。有媒體說這部戲是利用國家力量妖魔化穆斯林，適得其反，但也有評論讚賞國家電視臺上映這部戲的勇氣。電視臺戲劇總監說，希望透過《哈里發》引起廣泛的討論，好的壞的，都能讓這些社會邊緣議題重新獲得聚焦。

我認識的難民朋友不多，但每一個都帶著獨特且悲傷的故事來到瑞典。有任職高位的經理必須付出雙倍努力才能成為社會認可的「難民成功故事」；有突破重圍成為大企業儲備幹部的年輕小伙子，幾杯酒後不甘地說無法獲得兒時玩伴的體諒，認為他背叛了族群只想成為瑞典人；有在伊拉克親眼目睹同志愛人因為揭露性向而被社區青年當場打死，帶著愧疚與悲傷逃到瑞典，打算在瑞典過完餘生的男人。

每一個離鄉背井的人，誰不掙扎、不委屈。

歧視是真的、努力也是真的；衝突是真的、融合也是真的，有太多面向能夠解釋人生百態，但當我們永遠遵循著政治正確的步伐走，對於所有顯性與隱性問題視而不見、不敢討論時，只是給予恐懼和誤解更多滋長的養分。

眼下瑞典所面臨的挑戰是，做為一個強調個人社會責任的高向心力國家，其實非常仰賴國民的高度同質性，一旦這類同質性受到了多元文化的挑戰，該如何繼續維繫？更急迫的是，該如何讓社會不被撕裂？

《哈里發》點出了不受重視的瑞典青少年被伊斯蘭激進化的現象，也點出了瑞典各種社會問題，讓以為恐怖攻擊主義早已遠離的大眾，得以重新審視自己的國家。

《哈里發》另一大亮點是演員的演技相當出色，再加上融合各種熟悉卻陌生的斯德哥爾摩場景，點出了在瑞典主流社會以外的生活方式，非常值得想多多了解瑞典真實狀況的人觀賞。美中不足的是結局，還是太偏向歐美式英雄角度，但，我們誰不是帶著有色眼鏡看世界呢？

你的瑞典不是我的瑞典

來瑞典以前，我對「瑞典是世界上最平等的國家」這個陳述句感到安心且期待；但住了這麼久之後我了解到，這句陳述為實與否，其實需要許多先決條件。

我們以往學到的大部分教科書都把瑞典形容成像是烏托邦，政府致力照顧人民，提供完善的社會福利，還有所謂「從搖籃到墳墓」的政策，方方面面地保障人民。到此為止都是正確的，這是瑞典長久以來實行溫和的社會民主主義所產出的國家政策，只要符合條件，就可以受到保障，國家會撐起一把大傘，讓傘下的人民不再吹風淋雨。

然而，要是傘下的人太多，誰該繼續留下來躲雨，就成了考驗。

不像美國是個人主義當道，瑞典的集體主義是社會民主主義的精髓，若社會與人民的同質性不夠高，這樣的制度就容易面臨挑戰。意思是說，人民對於社會發展的認同感要一致、向心力要足夠，才能維繫一個「老有所終、少有所養」的和諧社會，大家都要盡心盡力、共同付出。

雖然聽起來頗有共產主義的味道，此制度實為維京航海時代留下來的同舟共濟傳統。身處汪洋大海，唯有仰賴團結合作，畢竟資源有限，大家的命運統統繫在一起，每一個人都需要為團體貢獻，時時刻刻設身處地、照顧他人也被他人照顧。

因此，今日的瑞典社會採取高稅收與高福利政策，強調每個人都要付出——就算部分福利可能沒你的份。正所謂「羊毛出在羊身上」，羨慕瑞典人的高福利之餘也必須同時理解，你很可能會繳交超高額的稅，卻一輩子都享受不到許多令人稱羨的福利。

舉例來說，瑞典擁有非常慷慨的失業補助，但若你就是那萬中選一、受到老闆與同事愛戴的模範員工，從上工第一天到退休都不曾被裁員，很可能繳了一輩子失業保險，終其一生都享受不到失了業還能領原薪八成最長七個月的福利。再舉例如育嬰假，若你不想生小孩，該繳的稅還是要乖乖繳下去，才能讓有小孩的人享受全世界最慷慨的四百八十天帶薪育嬰假。稅務不是自助餐，如果大家都只有選擇性的付出，瑞典就不是今天的瑞典了。

事情都是一體兩面，換個角度想吧！失業後領慷慨的補助過活雖然聽起來很棒，但終究得面臨找工作的壓力，畢竟補助也有限度，與其提心吊膽地擔心幾個月後可能流落街頭，對我來說，乖乖工作聽起來更有保障；繳了一輩子的稅，就是希望老後能受到政府的妥善照顧，但若國家下一代人口不足或不成氣候，那誰來照顧你呢？能夠每個月繳稅，請其他人幫你好好養育栽培國家的下一代，對我來說是個很好的投資。

上述這些社會政策與政府施政，只是瑞典整體國家樣貌的其中之一，不管認不認同、喜不喜歡，只要你還想繼續在這個國家生活，就是要守法、繳稅、付出，沒得商量。

形成瑞典國家樣貌的另一個面向、同時也是新時代裡愈來愈容易受到挑戰的還有價值觀。瑞典從上一個世紀以來的社會民主主義政府，施政背後都帶有一個非常堅定的目標：切割傳統，鼓吹現代化。一切種種都要除舊立新，女性參政很現代化、同性戀除病化很現代化、不信教很現代化、加入工會很現代化、離婚很現代化、組合家庭很現代化、皇室也要變得現代化。這些當年被認為很現代化的思維和作風，一點一滴地形塑了今日大家熟知的瑞典；也有許多社會學家稱之為「瑞典模式」。

但究竟什麼是瑞典模式、瑞典價值？這不但是一個不容易回答的問題，還是一個愈來愈容易冒犯人的問題。

以普世認知來說，瑞典有著平等的博愛與進步價值，保障女權、同志權與各項人權；長久以來，瑞典人也接受並認同這些價值。然而，在全球化極度發展的這二、三十年間，移民與難民來到了瑞典，逐漸挑戰著瑞典的價值觀。雖然有挑戰是好事，價值觀總是需要與時俱進，而真正有意義的價值觀會愈辯愈明，最終得以留下，整個過程卻非常艱辛且耗費社會能量。

比如瑞典引以為傲的女權和傳統伊斯蘭教的觀點，兩邊可謂水火不容。時任瑞典外交部長的 Margot Wallström 奉行當年社會民主黨政府實行的「女性主義外交策略」，當中東國家要求她尊重伊斯蘭文化時，她說「沒有任何文化應該凌駕在人權之上」，引發了不小的外交風波。

Margot Wallström 主張，伊斯蘭國家不應該以文化或傳統做為擋箭牌，以此限縮甚至迫害女性的權益，女性終該享有與男性一樣的政治、教育、自由等，如此觀點自然挑動了瑞典國內廣大穆斯林族群的敏感神經。瑞典國內約有七％至十％穆斯林人口，大多數都是中東難民與其第二代，長久以來都被批評不夠融入瑞典社會。在整個歐洲的極右派興起的此時此刻，這類議題正好給了瑞典極右派政黨滋養茁壯的養分，尤其是鄰國丹麥二〇一八年決議禁止穆斯林女性在公共場所佩戴頭巾後，「瑞典女權」與「宗教自由」之間的界線，更是讓人困惑。

極右派政黨認為，穆斯林要求女性佩戴頭巾是落後與極權的象徵、是一個讓女性失去自由的枷鎖；但也有一派的瑞典穆斯林女性認為，她們遵循傳統、選擇佩戴頭巾，是她們受到政府保障的自由。

兩種自由之間，有一道跨越不了的鴻溝。

光是女權就能引起如此大的社會辯論，遑論瑞典引以為傲、全世界最包容的同志權益。同性戀本來就無法被中東與伊斯蘭世界接受，部分國家甚至以死刑處置，完全站在瑞典價值觀光譜的另一端，而這同樣讓瑞典的極右派政黨找到了有利的角度。

以現今歐美的普遍定義來說，極右派政黨是傾向於限縮女權與同志權，強調找回傳統價值和民族自豪的流派；瑞典的極右派政黨卻是緊緊抓住伊斯蘭教反女權和反同性戀的角度，表示這是對於瑞典傳統價值的侵害，要求政府限縮移民，要求瑞典境內的穆斯林世俗化、接受瑞典的多元價值，否則就不配當瑞典人，也不該享有瑞典保障人民的各項福利。瑞典極右派的操作手法雖然讓人有種反串的感覺，卻成功地抓緊了瑞典社會的敏感神經，一躍成為瑞典第三、甚至是第二大黨。

受到阿拉伯之春的影響，二〇一四年的歐洲難民潮中，有大量來自中東、非洲與南亞的穆斯林難民，若以人口比例來說，瑞典是吸收最多難民的國家，當年便冒出了許多質疑聲音。

瑞典其實早在九〇年代就接收了大量來自巴爾幹半島、受到南斯拉夫解體後戰爭影響的難民，而這批難民的移入，堪稱是社會融合的典範。在當年的政府與民間努力下，這波難民成功融入瑞典社會，為當時的瑞典注入了足夠的勞力與能量，也讓許多人認為二〇一四年的難民潮應該同樣會有好結果，事實上瑞典也需要更多的勞動人口以發展經濟。

九〇年代的巴爾幹難民大多信奉天主教或東正教，和基督教歐洲是較為接近的文化體，二〇一四年的難民潮大多信奉伊斯蘭教，明顯地與基督教歐洲水火不容。但凡涉及到宗教，本來就是會陷入無解的死胡同，而當一個國家如瑞典，需要強調高度的向心力與認同感才能繼續發展時，社會上對於立國價值觀有著分裂的看法且又涉及無解的宗教議題，到底誰才是正確的、誰才是瑞典人，實在是一個敏感又傷神的話題。

懂得尊重不同的文化，本來就是包容又開放的瑞典價值觀其中一環；但當外來文化和瑞典其他價值觀有所衝突，到底孰輕孰重、誰才是該被尊重的一方，就顯得相當棘手。

文化背景的不同，可能讓我們在從小到大接受的教育與日常薰陶中，不知不覺養成了一定程度的歧視，譬如認為哪些國家的人一定有哪些行為；哪種年紀的人可能會有哪種態度等。對於不了解與不熟悉的事物，人類的生物天性就是會產生排斥感以保護自己；若再加上刻板印象，很多事情被貼上了標籤，歧視自然如影隨行。

我理解瑞典為平等與反歧視所做的努力，但瑞典人就沒有歧視嗎？我覺得應該不是有沒有的問題，而是程度的多寡。

當然不能以偏概全，我確實也遇過很極端的人，但大多數瑞典人至少做到了表面的尊重與和諧，也就是所謂的「政治正確」（political correctness）——我不認同你，但我尊重你，且避免用不適當的言詞與立場傷害你。

我覺得西方的文明有很大一部分建立在政治正確上，當你至少願意維護表面的和平與尊重、不再用言語或眼光傷害他人之後，才有可能開啟對話、增進了解、撫平過往和重新前進。

和瑞典人長久相處下來，有可能覺得他們假假的，很多事情好像不能說或說不出口。可以說這是他們的民族天性，愛好和平、避免衝突又溫吞謙遜，相處起來總是隔著一層紗；若又無法用瑞典語交流，在第二語言的隔閡作用下，更難顯現人的真性情。

儘管如此，我覺得瑞典人普遍非常願意聆聽與理解。這可能和他們從小到大所受的學校與家庭教育脫不了關係、也可能和「一切都要剛剛好」與「你沒有比別人更好」的哲學有關。畢竟所謂的了解與尊重，並不是照單全收對方的想法，或是一定要說服他人接受你的想法，而是能用同理心對待他人、將心比心地了解對方的處境。需要的是溝通與換位思考，而不是硬把自己的想法輸送給對方。

在斯德哥爾摩的國際辦公室裡，大家有著不同的國籍與背景，合作時不順利是很正常的，也會透過一次次會議尋找最大公約數；若是真的無法取得共識，通常會用「Let's agree to disagree and continue」結尾。聽起來非常被動，但表示了此事雖然合作無解還是得做，畢竟是工作。

放到社會中，問題更形複雜，因為關乎很多人的人生，甚至存在。瑞典歷屆政府不斷努力修正、逐步定義各類歧視行為並寫入法條，嚇阻了不想維持表面政治正確的人，一定程度減輕了各種因為歧視而衍生的傷害。歧視無所不在，因為刻板印象而產生歧視同樣難以避免。你可以讓它存在，然後慢慢加大；也可以想想用什麼態度面對、管理、修正。

瑞典面對的這些問題，世界上許多國家同樣不陌生。文化與價值觀本來就會隨著時代的演進與人們的生活方式有所變化，瑞典同樣是從禁止婦女投票、禁止女性皇室成員繼承王位，走到今天成為全世界對於女性與多元族群最尊重、發展最好的國家。

在我看來，最致命之處並不在衝突本身，而是瑞典文化當中非常特別的、不能被說出口的那頭白色大象——要盡一切可能地避免衝突。這種鴕鳥心態，以為不去談論，衝突就會迎刃而解，實際上給了極右派與有心人士一個利用衝突去創造自身利益的絕佳機會。

到底什麼才算得上是瑞典的價值觀、是否要認同瑞典的價值觀才能被視為是瑞典人，在社會上應該要被允許公開討論，然而，因為牽涉的議題太廣泛又太敏感，導致這類話題近年成了不能說的祕密，甚至發展成「如果承認了我們有瑞典文化，就是歧視這塊土地上其他文化」的觀點，間接地讓瑞典的極右派政黨趁機吸收那些原本不認同極右派、卻因為無法接受現今論述所以轉而支持極右派的人。可其實，對於民主與自由最大的威脅，正是表面上披著自由的糖衣，實際上想著總有一天要限縮人民自由的極右派政黨們。

在現今的瑞典，由於極右派已經獲得了一定的支持，支持者便開始露出最醜陋的一面，不管你是穆斯林或來自哪裡，只要不是他們認可的瑞典人，一律反對、歧視，甚至以言語或行動攻擊。而這樣的社會氛圍轉變，正是瑞典極右派政黨最樂見的結果。一個不能討論、不能批評的社會，表面上和樂和諧，實際上卻和極權國家沒有兩樣；也會將社會一步步地推往那個方向。

到底什麼是瑞典、什麼是瑞典價值，以及誰是瑞典人，都不應該成為敏感話題；就算真的是敏感話題，一個成熟的民主社會，也應該要有能夠大方討論的空間與風度。

缺少批判聲音與討論空間的瑞典，造就了「一個瑞典、多重表述」，同質化與向心力的社會不復存在，這讓今天的瑞典很可能漸漸一步一步地，走向一個新的存在，不再是大家認知中的瑞典。

就像上個世紀的瑞典政府大破大立追求各種現代化造就了今日的瑞典，此時此刻的瑞典現況同樣形塑著下一個階段的瑞典。五十年後回頭再看，一切皆已煙消雲散，成為未來瑞典人口中那段關鍵的歷史。

左右為難的瑞典國旗

在瑞典第一年的國慶日，我興高采烈地和幾位同學相約一起度過。來自美國的同學提議買幾面小國旗插在大家的背包上，瑞典同學立刻婉拒了。

「請不要這樣做。在瑞典，這是有點民粹主義的行為。」她說。

六月六號是瑞典的國慶日，首都斯德哥爾摩卻嗅不到濃烈的愛國氣息，除了皇宮和遊樂園有相關慶祝活動，對於市井小民來說，只像多賺到了一天假。

瑞典的國慶日其實直到一九八三年才被正式賦予法定地位，在此之前僅僅是「國旗日」，是為了紀念古斯塔夫·瓦薩（Gustav Vasa）一五二三年當選瑞典國王而定義的。另一方面，許多瑞典人反而認為，每年六月底的「仲夏節」才像國慶日，全國人民都會慶祝，狂歡整整三天。

相較於瑞典人的冷靜與無感，鄰國挪威將每年五月十七日的國慶日視為一年中最重要也最盛大的節日，人人身穿傳統服飾參加慶典與遊行，自信地表達身為挪威人的驕傲。畢竟在被瑞典統治期間，挪威人曾被禁止慶祝國慶，這段令人感傷的歷史讓他們更加珍惜國慶日。

瑞典這一面藍黃相映的國旗不只承載著統治過挪威的歷史，二十世紀末因為受到極右派國族主義政黨的影響，逐漸被民族主義吸收，有了更進一步的意義。

一九八〇年代由新納粹極端份子成立的「瑞典民主黨」（Sverigedemokraterna），雖有著聽似合理的名稱，實際上卻是一個反移民、反難民、疑歐主義、反多元的政黨，政治光譜的位子極右。二〇一五年開始，瑞典民主黨為了爭取更廣大選民與主流社會的支持，除了刻意隱藏曾經的納粹歷史，也把黨徽從燃燒火炬的激進形象，改為一朵搭配著瑞典國旗藍黃兩色的雛菊，企圖以溫和的愛國主義形象，尋求更多女性與高社經地位選民的支持。如今，瑞典民主黨已是瑞典前三大黨，令其他政黨不得不正視與其合作的必要性。

另一方面，二〇一五年被瑞典民主黨開除的幾位年輕成員，成立了更激進的「瑞典另類選擇黨」（暫譯，Alternativ för Sverige），是一個毫不掩飾的泛納粹主義政黨，黨魁是三十六歲的瑞典男性。他們強調金髮白人的優越，倡導瑞典立即停止接收難民，還要驅趕所有移民，也主張退出歐盟。黨徽則把瑞典國旗放入一個愛心圖框內，標榜愛國愛族的企圖明顯。瑞典另類選擇黨曾經激進地跑去眾多非瑞典姓氏的家戶信箱投信，還怕對方不融合、不懂瑞典語，貼心地用英文寫「time to go home」，要這些種族上非斯堪地那維亞人的移民滾回自己國家。

由於這兩個政黨把歷史悠久的瑞典國旗與國族主義掛鉤，眾多競選場合裡，支持他們的群眾總是形成了一整片的藍黃國旗海，使得眾多溫和且想與其劃清界限的瑞典人，不得不重新檢視自己運用國旗的時機。

瑞典擁有被左派社會民主黨統治的悠久歷史，在溫和社會主義的長期薰陶之下，創造出了一個平等自由又多元的社會，瑞典人的人生哲學就是「剛剛好」，不喜歡過於極端的人事物。

極右派政黨的崛起可說和近十年來的歐洲難民危機有著極大的關聯。瑞典接收的難民人數是歐盟國家裡人均最高的，過時的移民政策卻無法即刻處理與吸收超過歷年幾十倍的人數，衍生出來的種種社會問題，正好提供了極右派政黨成長的最佳養分。

有趣的是，瑞典的原版國歌裡，完全沒有提到瑞典（瑞典文：Sverige）兩字，最多只提到北國、北方（Norden），直到一九一〇年的修訂版本才在新加入的段落裡提到了一次瑞典。

到底瑞典人該如何運用自己的國旗、看待自己的國家慶典？

某年仲夏節我與好友們一同野餐，那是一年中僅次聖誕節的傳統大節日，更是堪比國慶的日子。瑞典朋友拿出了一面小小的瑞典國旗——臺灣的ＩＫＥＡ餐廳插在肉丸上的牙籤國旗——把迷你國旗小心翼翼地插在野餐籃上，隱晦、溫和又平靜地表達著對國家的情感。

在歷史的分水嶺上，瑞典左右為難。

——此文原刊登於二〇一九年六月臺灣《蘋果日報》國際蘋論專欄

民族自豪背後的自卑

總讓瑞典人又愛又恨的北歐航空（Scandinavia Airlines，簡稱ＳＡＳ）除了罷工和財務窘困的新聞，二〇二〇年二月終於以新面貌登上了媒體版面。

首先必須說明，Scandinavia Airlines 被翻為北歐航空常常讓我覺得很尷尬，正確應該是「斯堪地那維亞航空」才對，但這樣一來，名字太長又繞口，不便行銷。「斯堪地那維亞」指的是挪威、丹麥、瑞典三國，歷史、語言和文化相近；「北歐」則是地理政治概念，除了上述三國，還包括文化關聯性很低的芬蘭與遙遠孤立的冰島。

ＳＡＳ本由挪威、丹麥、瑞典三國政府合資經營，但挪威政府已於二〇一八年拋售所有股份，隔壁的芬蘭有自己的國籍航空「芬蘭航空」，冰島有自己的國籍航空「冰島航空」，就連挪威也有屬於廉航的挪威航空。「北歐航空」如今只剩瑞典與丹麥政府支撐，大概是因為兩國都自詡為最正宗的斯堪地那維亞半島繼承人，所以仍然繼續愛護著這個名字。

總之，SAS最新的廣告問「真正的斯堪地那維亞是什麼？」。

「什麼都不是。」廣告如此回答。

廣告裡說，真正的斯堪地那維亞文化並不存在，都是從世界各地複製而來。譬如民主來自希臘、育嬰假由瑞士提出、風力發電來自古波斯、自行車來自德國、甘草糖來自中國、仲夏節來自德國、瑞典肉丸來自土耳其、女性主義的強盛起源於美國的啟蒙運動。

這支廣告播出後不到二十四小時就引起了廣大的討論。丹麥的極右派政黨發言人表示，這是SAS向所有斯堪地那維亞半島的居民「吐口水與撒尿」；瑞典的極右派黨說這是荒唐的自我仇恨，要大家不要再搭SAS的飛機。

SAS在廣告發布後二十四小時內，先發新聞稿聲明自家網站遭到有規模的網路攻擊，已撤下廣告，卻又在六小時後再發新聞稿表示，對此支廣告的支持不變，決定重新上架，但關閉了留言功能。

我個人覺得，應該不會有公司蠢到做一支貶低所在國家的廣告，這支廣告只是想強調，從古維京時期直到近代，斯堪地那維亞半島的居民（挪威、丹麥、瑞典）向來喜歡探索世界、吸收新知，並將之融入自己的生活，形成獨特的自家文化。

以創意的角度來說，這支廣告跳脫了過去千篇一律強調瑞典文化的自豪，鼓勵人們思考該以什麼而自豪，讓人耳目一新，也巧妙連結了自家收益最大來源：旅行，將其推上一個更高的意義：旅行可以啟發個人與社會。

然而，過去這幾年由世界兩大強權帶起的民族自豪、民族復興浪潮，挾帶資源豐沛的媒體與輿論攻勢，早就影響了歐洲；再搭上仍然持續發酵的難民議題順風車，眼下正是歐洲各國包含北歐的極右派政黨大力崛起之際，哪會放過ＳＡＳ的新廣告。

我經常和許多朋友澄清，瑞典街頭並不會看到滿街的金髮碧眼高䠷人種。瑞典是移民大國，根據瑞典統計局二〇一七年的資料，接近二十五％的居民有外國背景，也就是在外國出生或父母均在外國出生；若只看父母其中一方來自外國，比例更高達近三分之一（當然，移民也包含白種人）。不管移民的背景是難民還是經濟移民，若一個社會沒能養成並保持足夠的包容力，面對如此高的外國人比例和各種外來文化的在地興起，非常容易挑起國內的對立與仇恨。近幾年，美化一切的那層「政治正確」紗布已慢慢消失，保護主義的大旗與具有草根性又民粹的言論，正不斷挑戰著瑞典社會的包容底線。

以瑞典最知名的極右派政黨、同時也已是瑞典支持度第二高的瑞典民主黨來說，他們就強調要在已失控的移民浪潮裡，守住並傳承瑞典文化，所有瑞典公民都應認同並發揚從歷史上到今日的一切瑞典奇蹟與驕傲。ＳＡＳ這支廣告，無疑打了極右派政黨一個大巴掌。

其實在西方國家裡，這類議題向來都是非常棘手卻又矛盾的存在，因為民主政權理所當然要包容不同的聲音，但打出延續本國文化和維護人權發展的旗幟後，在支持與反對之間，將很容易失去那條界線，中間有一整片的灰色地帶。

譬如丹麥禁止了穆斯林女性在公共場所佩戴全罩式頭巾，也譬如原本不支持同志的瑞典民主黨藉機以伊斯蘭教反對同性戀為由而找到輿論最佳攻防點；又或者是在傳統宗教信仰與西歐現代開放價值之間各種交錯複雜的矛盾，所謂走在最前方的人必定要獨自承受未知的危險，都在在考驗了民主歐洲的包容與防禦程度。

對與不對之間、人權與宗教之間，成了哲學式的全民思辨。

另一方面，針對到底誰才是瑞典人、如何定義瑞典人，瑞典政府曾經做過一番努力。難民浪潮正盛的二〇一四年，隸屬於公家單位的瑞典國家歷史博物館（二〇一九年在爭議聲中勇敢租借給我們辦理雙十國慶酒會的博物館）曾經舉辦「維京特展」，意圖破除瑞典人自認是維京人後代的那種血緣臍帶想像。維京是一種生活方式、並不是人種的代稱，過往認為挪威、丹麥、瑞典是維京人後代，是不完全正確的資訊、是當年的德國納粹政權強加在瑞典身上的民族情緒，而瑞典所擁護並追求的價值，並非建立在逐漸失控的國族主義之上。

回頭看看我們摯愛的臺灣，向來不乏國族或中華主義的大放厥詞，卻經常忽略許多事實。臺灣這個國家能夠成長茁壯至今，靠的不是虛無的國族主義或單一種族，而是海洋文明的開放、民主社會的包容，以及從不間斷的融合。我們若將一切努力都歸功於單一國族主義、迷戀於民族復興，才是最大的自貶，把自大美化成自豪。

每一個強大的國家背後，都有隱隱作動、隨時想探出頭來邀功的國族主義；以及默默調和著社會包容精神的融合藝術。在如今這紛亂又看似走回頭路的時代，SAS這支廣告就像一盞好久沒出現的明燈，照出了民族自豪背後那一份空洞與虛無。

CHAPTER 5

非主流瑞典

最低調的音樂大國

剛抵瑞典第一年，在斯德哥爾摩大學某堂課上，瑞典同學得知我來自臺灣，興高采烈地說他幫臺灣紅極一時的五人男子團體566寫過一首情歌。震驚之餘，我半信半疑上網查了那首歌的作曲者，果然就是坐在我隔壁的同學。

同學笑笑地說，玩音樂和作曲是他的興趣，經常靈感一來就大量創作，投稿給音樂經紀公司，他們再把音樂賣給全世界的唱片公司。

沒錯，瑞典是全球文化輸出最強的國家之一，不過或許是因為各類源自瑞典的品牌形象良好、再加上深植人心的瑞典極簡風讓大家印象太深刻，很多人都不知道，瑞典是僅次於美國與英國的音樂出口大國。

雖然人口數量和英國、美國相差極大，瑞典人創作的歌曲卻長期活躍於世界各地。

比如二〇一四年，美國有約四分之一的告示排行榜歌曲由瑞典人製作。此外，近二十年來的眾多巨星暢銷金曲，包含布蘭妮、珍妮佛・羅培茲、瑪丹娜、凱蒂・佩芮、大賈斯汀、紅粉佳人等等，都是由瑞典人製作，今日當紅的流行天后泰勒絲甚至某張專輯的半數歌曲皆出自瑞典人之手。

不容忽視的軟實力不僅限於幕後製作，瑞典出過相當多紅極全球的音樂團體，最知名的莫過於ABBA樂團，暢銷金曲〈Dancing Queen〉或〈Mamma Mia!〉至今仍膾炙人口。另一個紅遍全球的瑞典天團是Europe，就算你沒聽過他們的名字，也絕對聽過他們最有名的金曲之一〈The Final Countdown〉——香港電影《賭神》裡周潤發的出場音樂。這股風潮一路延續到了最近十年的電音浩室音樂，譬如把國家名字放入團名的瑞典浩室黑手黨（Swedish House Mafia）、艾利索（Alesso），以及二〇一八年不幸離世的艾維奇（Avicii），莫不延續了瑞典的音樂傳奇。

聽音樂和欣賞音樂對瑞典人來說是生活的一部分，除了因為有很多時間可以獨處，從小在音樂與藝術方面的陶冶也從沒少過，是學校教育裡很重要的一環。正因為從小就被鼓勵適性發展，沒有「唯有讀書高」，造就了瑞典的音樂大國地位。換句話說，不管是把音樂當正業或業餘當興趣，若沒有足夠的社會文化和政策支持，都很難維持。

音樂很早就是瑞典的重要產業之一，默默替瑞典政府耕耘著文化的軟實力輸出，而科技產業也早就是瑞典近代最重要的產業之一，有軟有硬的兩強交輔之下，全球串流音樂平臺龍頭 Spotify 在二〇〇六年於瑞典誕生，讓瑞典對於世界音樂的貢獻延伸到了另一個層面。受惠於手機網路的迅速普及與降價，以及同樣誕生於瑞典的藍芽技術，瑞典人從很早開始就能不受時空地點限制，隨選隨聽音樂。

此外，每年歐洲文化圈盛事「歐洲歌唱大賽」（Eurovision Song Contest）在瑞典同樣非常神聖。早在歐洲歌唱大賽開始四個月前，瑞典國內就會先進行「瑞典歌唱大賽」（Melodifestivalen），從各地的海選、全國性的初賽、半決賽、二次機會賽一路到決賽，收視率皆居高不下。歐洲歌唱大賽與瑞典歌唱大賽向來是每年瑞典全年節目收視的第一名和第二名，往往比足球賽的收視率還要好。順道一提，歐洲歌唱大賽六十七次比賽中，瑞典贏過七次冠軍，與愛爾蘭並列第一。

二〇二一年我替當時的公司辦了一場高規格的ＶＩＰ之夜，豪華的會場是瑞典皇室用來接待他國皇室的場地之一。當時的座上賓都是政商名流，包含斯德哥爾摩市長等級別的人物。晚餐中間的休息時刻，公司高層找了一個我不認識的小歌手來表演，我以為公司想找更有名氣的歌手，同事卻再三保證，這位歌手的現場表演絕對會讓所有人驚豔。

如今回想，那位歌手個子不高、很纖細，用大行李箱裝著一件超級大又蓬鬆的紅色禮服來到現場，非常謙遜有禮，一站上舞臺卻彷彿變了一個人，一開口就奪得全場關注。她叫做 Cornelia Jakobs，隔年，她以高分成為瑞典歌唱大賽當屆冠軍，代表瑞典出戰歐洲歌唱大賽，得到了殿軍的寶座。

串流平臺上一支短紀錄片試圖探討瑞典為何能成為音樂大國，雖然沒有培養出很多國際型巨星，卻培養出眾多國際巨星與金曲的作曲家與製作人。其中一位接受訪問的音樂製作人被問到為何瑞典能培養出如此優秀的國際級音樂人時，明顯地表現出不自在與害羞，打趣說道：「在瑞典，我們不應該談論我們有多好的。」

雖然的確不像美國或韓國一樣有大鳴大放的音樂產業，瑞典的文化輸出向來比較內斂低調、講求品質，但從創作到製作一路延伸，瑞典同樣默默地、低調地用音樂影響著世界。

不及格的環保模範生

向來被視為國際模範生的瑞典不但以超高的人類發展指數傲視全球，總在各項國際指標中名列前茅，永續發展方面更被認為是箇中翹楚。然而，環境永續發展其實分成許多項評斷類別，雖然瑞典在減碳、乾淨能源或綠能相關技術領域一向是佼佼者，卻在「循環經濟」跌了跤，全國僅有三．四％循環經濟率，遠低於世界平均值八．六％，若對比荷蘭的超高二十四．五％，更是看不到車尾燈。

這項二〇二二年發布的大規模深度分析研究指出，瑞典的經濟絕大部分仍是「取用－製造－丟棄」的線性經濟模式，與全面的循環經濟模式還有一段很大的距離，也和瑞典長久以來的環保大國形象相差甚遠。

所謂的循環經濟，指的是透過產品設計、物流優化和鼓勵回收等措施，讓每項資源及其副產品在使用過後都能進入新的循環，成為新的原料或素材，再次投入製造循環；期待達成一個永續發展、零浪費，與環境和資源共生的未來。循環經濟模式與傳統的線性經濟模式不同，不僅可以達到資源再生和減緩浪費，同時也能降低製造成本。

聽來雙贏的局面，為何到了環保大國瑞典手中，僅僅只達成三．四％呢？

二〇一一年我初抵瑞典時，電商尚不發達，商家的促銷活動寥寥無幾，每年大概就是聖誕節前夕會有大型的聯合促銷。今日的瑞典則不管是黑色星期五、Boxing Day，甚至連光棍節都沒缺席，各大店家無不使出渾身解術瓜分大餅，強勁的電商搭配大型購物中心的興起，將購物與送禮的風潮推向高峰；與此同時，強盛的貿易更讓瑞典商家抓緊了機會，從國外進口更便宜、更吸睛的商品，以滿足不斷成長的消費需求。

上述這一切，主要當然歸因於數十年來瑞典穩健的經濟成長，造就了一個均富的社會，也讓瑞典人的購買力強勁。雖然有著社會主義的根，但在不斷上漲的消費主義之下，瑞典人民的購物胃口已被養大。

購買力的提升與富強的經濟不見得是壞事，但過度消費所產生的浪費卻是一個逐漸加劇的問題；尤其是從國外進口的商品，在結束商品生命周期或被浪費丟棄後，難以藉由循環的方式重新返回製造鏈。製造業或加工業本來就不是瑞典擅長的產業，而這類快速又便宜的商品多半從發展中國家出口，製造方式與供應鏈無法受到瑞典監管，導致瑞典部分的消費行為極度線性，不斷重複著「購買－使用－丟棄」。

瑞典是世界上第一個徵收碳稅的國家，也是碳稅最貴的國家之一。雖然強勢的政策使得瑞典成為世界上碳排放量極低的國家，但瑞典同時也是開採大國，北部的採礦業從十九世紀起便已盛行。

直至今日，瑞典仍是世界上最大的鋼鐵生產國之一，各類金屬與礦石的人均開採率是世界第四高，其中大多數都用來建造住房；同時也從俄羅斯與中國進口原料以供應建造需求。在開採與進口之後，大量的原物料投入建築當中，卻因為不夠強勢的法規，導致建築拆遷之後只能丟棄；雖然住房需求強烈，卻無法有效地再次回收利用，重現物質循環。

在溫和的社會民主主義長期薰陶之下，住房向來是瑞典政府保障人民的權利之一；但碰上了講求環保與循環經濟的今日，卻成了一個棘手挑戰。

首先，瑞典盛行獨居。首都斯德哥爾摩的獨居率破五成，是全世界最高比例的城市之一。獨居固然愜意自由，公共規劃與環保層面卻較無效率。尤其是在富有的首都，若想維持優良生活品質，必須確保每棟建築的基礎設施完善，以高標準檢視包含供熱、用水、垃圾處理、儲物空間、修繕，甚至是內裝等。由於全城有一半家戶獨居，每棟建築能夠照顧到的人其實不多，現今房市吃緊，政府得批准建商創造更多住房，才能滿足不斷移入首都的人口。

前幾周我剛好在臉書上看到一個建商的新建案廣告，主打首都市中心邊緣地帶的高品質七層樓公寓，總共三棟的集合住宅社區。底下留言可謂一面倒，大部分都是抱怨三棟公寓之間連結太緊密，過於密集的公寓無法保證好的隱私與生活品質，甚至還有一位網友質疑，都已經離開了蛋黃區，為何還要建造如此密集的住宅。可若以臺灣人的角度來看，這三棟公寓雖然緊密貼合，卻絲毫不會構成問題。

出了首都與大城市，瑞典有著迷人的鄉村景致，鄉村人民也同樣擁有高水準的生活品質。土地面積是臺灣十三倍大的瑞典國土上頭，人口僅有一千萬。要在廣袤的散村地帶維持高度的居住品質，不管是興築建物或營運基礎設施，都不是件有效率和省錢的事。

同樣一份研究指出，瑞典僅三・四%的循環經濟率，並不代表有超過九十六%的材料被浪費掉，其實是有將近四成的材料存於現今社會，而且當中大部分位於建築體中。由於法規不夠嚴密，無法有效地規範建商優先使用拆遷後剩餘的材料，再加上需要從國外進口建材，使得建築業仍是非常線性的「取用－製造－丟棄」模式。

人民享受的高生活水準更讓如此線性建造模式雪上加霜。瑞典四季分明，嚴寒的冬季仰賴穩定且高效的供熱與供水，明媚的夏日則是親近大自然的好時機。許多瑞典人家都擁有所謂的「夏日房」，通常是位於森林或遠郊的度假小屋，可一年當中，「夏日房」使用次數往往僅有短短幾星期。

除此之外，為了追求更高的房屋價值，不斷被翻修的房屋與公寓也是循環經濟下的惡夢。我搬來市中心的小公寓至今兩年，整棟建築裡共有十四戶，總是有某戶正在整修，至今還沒遇過施工空閒，大家都追求著整修後能衝出更高的售價。

綜觀造成瑞典低循環經濟率的原因會發現，瑞典眾多的社會與經濟優勢，幾乎全是循環經濟裡的劣勢。

如同前述研究的主持人所說，他們點出了「房間裡的大象」——瑞典的高品質生活方式，換來的卻是低循環經濟率。另一方面，同樣屬於高度發展社會的荷蘭，則擁有高於世界平均三倍的二十四．五％高循環經濟率，雖說兩國的產業發展相當不同，但其中必然有瑞典能夠效法與學習的部分。

九十九％瑞典公司為中小型企業，規模不大，沒有足夠的知識與技術執行循環經濟轉型，但這也代表了龐大的商機，尤其是強盛的瑞典科技類新創公司向來擅長發現問題，並運用科技解決問題。

展望過去數十年，瑞典有轉型需求時，往往仰仗民間與政府的策略性合作而達成，也仰賴著社會民主主義下的高度同質性與向心力。在全球化浪潮與經濟逐漸衰退的雙重挑戰之下，瑞典能否再次繳出模範生的成績單，值得期待。

——此文原發表於二〇二二年五月願景工程基金會「瑞典劉先生」專欄

一介臺灣平民接見皇室

我應該不是第一個親眼見到瑞典皇室的臺灣人，但應該是第一個親自接待、握手、交談的，而且一次就是瑞典與挪威兩國皇室。

那是二〇二二年五月，瑞典王儲夫婦接待挪威王儲夫婦來訪，在他們緊湊的國是參訪行程中，有一站是我任職的非營利基金會，公司便指派我負責這場活動。

當時我的想法很天真，畢竟我們接待過南韓總統、各國政要，瑞典王子與王妃在COVID疫情前也頻繁出入我們辦公室，北歐皇室向來以樸實平易、親切謙遜聞名，這場活動應該不會太難吧。事後證明，我真是太天真了，王儲並不是總統或普通皇室成員，王儲是一個君主立憲國家的精神命脈，地位非同小可；更何況是兩國王儲與儲妃和親王共聚一室，他們四個人代表的是兩個國家的未來與形象，一言一行、造訪之處與交流的對象，都是鎂光燈焦點、都會被放大檢視。

這場參訪從計畫一開始到最終結束經歷了無數次變化，光日期與時間就來來回回敲定了超過十次，更別提參訪內容與賓客名單，每開一次會就有新變化，參訪只有短短一小時，準備期卻花了六個月。而這一切的壓力只能自己吞，因為兩國皇室皆要求保密，非到最後階段才能公開行程，避免造成維安漏洞。

當時我擔任公司其中一個分部的總經理，而該分部正是參觀重點，籌備期那幾個月，瑞典國家安全局（SÄPO）特勤專員會無預警地出現在辦公室前臺，要求立即見我（也通常會把前臺實習生嚇出一身汗）。我便得拋下手中正在做的所有事或立刻離開會議，帶他們把已經走得滾瓜爛熟的參訪路徑再走一遍。

途中還有各種突發狀況機智問答。「如果發生火災，你怎麼做？」、「如果辦公室內有人向皇室嗆聲，你怎麼解決？」、「如果下雨的話，這棟老舊的歷史建築（我們辦公室）會漏水嗎？」、「如果有其他緊急狀況，最近的逃生出口在哪裡？」，一切的一切，其實我們雙方都很清楚該怎麼做，問我只是為了考驗我的反應能力和準備程度。總體來說，瑞典皇室特勤雖然嚴肅，還是相當地和藹。

最有趣的是，那次皇室參訪之後，時任瑞典最大反對黨黨魁、後來成為瑞典首相的政治人物要來我們公司開會，他的特勤前一天來事先勘查，我們意外地相處愉快、對談熱絡。隔天再次見到他，他一臉嚴肅地在會議室外來回踱步、督察，我走上前打招呼，他卻冷酷地對我說：「你必須記得，我們從沒見過面。」連一個正眼都沒有給我，至今想來仍讓人哭笑不得，也說明了他們工作的嚴謹度。

兩國王儲參訪那天，雖然前一晚緊張到胃食道逆流，但終究是迎來了這一天。

歷經六個月準備與無數次行程更替，我與公司高層站在大門口，面對整條被清空的馬路以及眾多的警車與特勤。總指揮官左手摀著耳朵上的對講機，用低沉的聲音對我們說：「九百公尺、八百公尺、七百公尺」，然後他停了下來，轉頭對我們說，挪威儲妃一進門後需要先上洗手間；我仍一臉茫然時，兩位女特勤立刻衝進我們辦公室最近的一間洗手間，不到十秒鐘又衝出來說完成檢查，沒問題（結果後來發現，挪威儲妃根本沒提出要求，是她的助理計算了她使用化妝室的時間，推斷她應該很快就會需要）。

我還在思考是否哪些地方尚未準備周到，兩國皇室車隊已經在我們的視線範圍內。他們來了，真的來了。

四位皇室成員，因為安全考量，一人一輛車，紛紛帶著微笑下了車，在門口與公司高層寒暄。路邊的圍觀民眾愈來愈多，不到幾秒鐘，我們身旁已經擠滿了記者。還沒適應鎂光燈在身邊彷如煙火般此起彼落，總指揮官就要求我想辦法把他們移入室內。「我們在室外已經待了超過原定計畫的二十秒鐘，待愈久，危險愈大。」

皇室成員與公司高層正在寒暄，他們原本就熟識，我實在不知該如何介入。可眼見表情逐漸擔憂的特勤長，我只好硬著頭皮走上前，帶著最有誠意的笑容，提醒大家往室內移動。

這群高貴的人邊走邊聊，我則飛快進入室內，準備正式「禮賓」，歡迎他們的蒞臨。

瑞典王儲維多莉亞公主率先與我四目相接，熱情地伸出手來，我卻頓時愣住了。皇室禮儀師特別教過我們該如何應對，譬如要在對話開頭尊稱殿下、不宜離皇室成員過近、不能在沒有允許的情況下近距離拍照、更不能碰觸皇室成員，但公主殿下都主動要求握手了，身為平民的我怎能拒絕。

臺灣沒有皇室傳統，對臺灣人來說，皇室既高貴又夢幻，但對於標榜自由民主平等的瑞典來說，皇室其實是個有點矛盾的存在。

早在前任國王古斯塔夫五世在世期間，瑞典就有政黨提出改為共和制，當時正值二次世界大戰之後，民主自由反帝制浪潮席捲全球，瑞典政府自然也把皇室的存廢納入思考。當時提出的建議之一，是在古斯塔夫五世過世後，自然而然地終止瑞典皇室長達一千多年的統治，而之所以促成這樣的建議，其中一個原因，便是對於現任瑞典國王卡爾十六世的不信任。

卡爾十六世是古斯塔夫五世的孫子，他的父親古斯塔夫六世在一場空難意外中英年早逝，讓年僅四歲的他取代父親，即刻成為王儲。在巨大的壓力之下成長，卡爾十六世在幼年期間被診斷出誦讀困難，學業表現平庸，更加深了共和派對於他繼任瑞典君主的質疑。

年輕力盛的二十七歲那一年，卡爾十六世以單身之姿成為瑞典國王，花邊傳聞不斷。到了一九七五年，也就是繼任兩年後，他幾乎失去了所有的政治實權，成為名義上的君主，也讓瑞典皇室存廢問題再次浮上檯面。所幸不久後，卡爾十六世結了婚並陸續擁有三名子女，皇室命脈得以延續，皇室存廢問題因此稍稍退出了舞臺。

直至今日，卡爾十六世已是瑞典歷史上在位時間最長的君主，也是歐洲在位時間最長的男性君主，現任王儲維多利亞公主更是以親民又大方的作風深得民眾愛戴。

相較於歐洲眾多歷史悠久又影響力深遠的皇室家族，到近代以前都被視為北方窮國的瑞典皇室，的確比較親民也比較沒有包袱。現任瑞典國王卡爾十六世在一九七二年慕尼黑奧運會上遇見了擔任翻譯、大他三歲的德國與巴西混血女孩，也就是瑞典現任王后。他們唯一的男丁菲利普王子，迎娶過去曾是瑞典電視實境秀的女演員；最小的女兒嫁給一個英美雙國籍的銀行家，自此定居美國；現任王儲維多利亞公主的丈夫丹尼爾親王當年則是她的私人健身教練，身分與背景都大相逕庭的兩人在二〇一〇年結為連理。

維多利亞公主說過最著名的一句話，就是婚禮當天她與丈夫站在皇宮大陽臺上，對著底下聚集的上萬名觀禮民眾時說的：「我要謝謝瑞典人民，給了我丈夫、屬於我的王子。」這句話之經典，巧妙地拉近了皇室與人民的距離，原本高高在上的皇室居然謝謝人民；也點出了這是一場皇室與平民的聯姻。

有意思的是，維多莉亞公主雖然是卡爾十六世第一個孩子，但她出生時，瑞典皇室仍然只傳男不傳女，因此當時的王儲是國王的第二個孩子、曾被評選為歐洲最有價值單身漢的菲利普王子。

直到一九八〇年，瑞典成為全世界第一個只看順位不看性別的國家，維多利亞公主才搖身一變成為王儲，她的繼承人則是二〇一二年出生的 Estelle 公主。她們將成為瑞典史上第四位與第五位女王。針對此事，在由瑞典國家電視臺製作的皇室紀錄片裡，現任瑞典國王卡爾十六世曾在九〇年代表示，他認為沒有必要更改皇室繼任順位，也認為不該溯往，拔除菲利普王子的王儲頭銜，此舉對王子不公平。此番言論曾在瑞典引起了一些風波。

時代在演變，皇室想要存續、發揮影響力，便得與時俱進。

二〇一七年，瑞典皇室發布了一張皇室全家福合照，背景是皇室私人的 Sollilden 宮殿，象徵著傳統的貴族地位，但照片中的十三位皇室成員全部穿著淺色便裝，沒有西裝或禮服、也沒有勳章與王冠，照片中的每個人都笑容親切，有人站著、有人坐著。照片正中央坐著現任王后與她的兩個長孫，國王卡爾十六世則站在椅子之後，象徵著瑞典引以為傲的女權發展與兒童福利；王后也是所有皇室成員中最年長的，在照片中與孫輩坐在一起，除了象徵世代傳承，也象徵了瑞典的福利系統率先照顧年長者與年幼者。

在現今這個年代，經營皇室形象是一門藝術，如何拿捏皇室成員的貴族身分與現代社會要求人人平等的氛圍，不是一件容易的事。此張皇室全家福的美妙在於彰顯了皇室代表的穩定與傳統價值，也透露了皇室與時俱進的作風。社會民主黨是瑞典的老牌政黨，一定程度形塑了今日瑞典福利大國的地位，雖然本質上應該要反對權貴與皇室，卻因為近年民眾對於皇室的高支持率，鮮少提出廢除皇室的建議。

維多利亞公主向來支持同志平權，曾經多次現身同志場合公開演講；瑞典皇室也在二〇二二年公開宣布，皇室繼承人可以和同性結婚並繼承王位，成為繼荷蘭之後，世界上第二個採取此做法的皇室。

參訪中，維多利亞公主的丈夫丹尼爾親王是唯一一個主動開口找我攀談的皇室成員。事後想想，這可能和他的背景有關。中產階級出身的丹尼爾親王家世普通，沒有取得大學學歷又一口鄉音，最後由一介平民搖身變成皇室配偶，頭銜可謂得來不易。相傳當年國王反對此段戀情，但最後大勢難擋。皇室費盡苦心，安排丹尼爾親王學習皇室禮儀與文化、英語與瑞典語訓練，目的就是要讓他成為一個上得了檯面的皇室成員。不論瑞典皇室多麼進步與開明，終究是皇室，身為局外人的他肯定吃過不少苦；這大概也解釋了為什麼他是第一位開口與我講話的皇室成員，畢竟放眼望去，一群貴賓都是「白又金」，權貴們彼此相似也相識，只有我一個陌生的亞洲臉孔站在一旁，以最有禮貌的微笑默默地看著眼前一切，或許曾經身為局外人的他，了解這種感受。

另一方面，維多利亞公主踏著很高的高跟鞋，一步步優雅地在辦公室走動，邊走邊揮手，向所有又驚又喜的人獻上最燦爛的笑容和暖心的問候。在此之前，公主和其他三位皇室成員已經馬不停蹄走了好多天行程，從早到晚不停歇，拜訪一個又一個城市。我想起了某部皇室紀錄片裡提到，君主和王儲的私人時間也是人民的時間，他們的二十四小時都是屬於國家的，他們沒有選擇職業的權力，他們從一出生開始就被期望把一件事情做好、扮演好他們被賦予的角色。

而這個角色，大概只會愈來愈難扮演。人民不希望皇室只是普通人；又不希望皇室享受太多的權勢。權勢該如何被詮釋、皇室的價值該如何繼續被人民買單，在現今的社會架構與氛圍中，宛如遊走於鋼索，需要過人的智慧與耐心，才能走好這條從一開始就注定不平凡的路。

終於，參訪順利結束了，經過這場如臨大敵的籌備，爾後陸續有高位階的名人參訪，對我來說都變得相當容易。德國副總理來訪前一天，我甚至能以過來人的身分，提點他的安全團隊如何準備。

另一方面，由於皇室參訪的成功，公司陸續接到了更多請求。比如瑞典政府某次規劃荷蘭國王與瑞典國王卡爾十六世的聯合國是參訪，想再次前來，我們卻因為時間上實在無法配合而婉拒——通常沒有公司膽敢婉拒皇室參訪，更何況是兩國國王。

還有一次，菲利普王子要來和公司創辦人開會，但當天早上創辦人因為年幼的孩子生病必須在家，取消了與王子的會議。聽起來很不可思議，對瑞典人來說卻是非常稀鬆平常的日常。瑞典不崇尚保母文化，認為自己養小孩才能給孩子最好的童年，對於瑞典父母來說，養育孩子的順位遠遠排在工作之前，自己也有孩子的菲利普王子，自然也能理解。

不論怎麼回想，那天的一切都像一場不可思議的夢。若問十幾年前的我，絕對無法想像有朝一日，自己竟然能與皇室共處一室、握手對話。想起年輕時讀過的捷克小說、赫拉巴爾的《我曾伺候過英國國王》，講述一個無名小卒服侍英國國王和各類顯赫人物的精彩一生。如今，「我曾經接待瑞典與挪威皇室」大概能成為我老了之後，不斷拿來猛提當年勇的故事吧。

瑞典的軟性抗疫

前情：此篇文章寫於全球疫情肆虐最嚴重的二〇二〇年四月，現在回頭看，彷彿是上一個世紀發生的事情。當時的我對於瑞典政府不願宣布強制戴口罩，既擔憂又不解，卻也享受著沒封城、沒限制的自由生活，對比封城又封邊界的各國，瑞典在當時是獨特的存在。直到今天，若回頭查看各國的溢出死亡率，瑞典的表現其實並沒有比封城的國家差，當然那和國土、人口密度、文化與生活習慣有著緊密的連結。而對我來說，這倒更像是「成者為王、敗者為寇」，數據是真的，但人民當時的擔憂與不解也是真的，大家都在對於未來，做一個最大膽的賭注。

這幾天朋友傳了新聞來，疫情肆虐下，世界上還沒有關閉各級學校的國家僅有六個，而和我關聯最深的兩個國家，瑞典和臺灣，就在其中。不難理解臺灣尚未關閉學校，畢竟防疫成果全球矚目，國際媒體報導篇幅不斷；反觀瑞典，一千萬人口裡，截至二〇二〇年四月一日已有超過五千名確診和將近兩百六十起死亡，國中以下學童卻照常上課。就算在西方世界裡，瑞典各種非強迫性的防疫措施仍是獨樹一格，引起了《紐約時報》和《華爾街日報》等媒體的專文探討。

我邊讀文章邊在自家社區裡小心翼翼地散步。絕大多數公司都已超前政府，自動要求員工在家工作，但今天天氣不錯，不少人出門漫步，享受少見的三月陽光，雖是周間下午卻宛如周末般輕鬆，察覺不到疫情的緊張。究竟瑞典是慢半拍還是信心十足呢？

我想到了兩天前的瑞典電視晚間新聞，嘗試給民眾打定心針，用數據顯示瑞典的死亡數成長率相比於義大利與西班牙是較穩定的，並以文化的角度加以闡釋。

首先，瑞典跨世代之間的互動不如南歐國家多，絕大部分居民都是核心家庭，爺爺奶奶甚少與兒孫輩互動，更有超過四成瑞典家戶為獨居；再者，瑞典的國民吸菸率大約是七%，比起西班牙的三十%和義大利的二十%，低了許多；最後，氣候造就了不同的民族性，瑞典一年有好幾個月處於寒冬，超過十度以上的月份少，人與人之間較少相處又喜歡待在家，形成了完美的先天社交距離，和熱情奔放的南歐民族有很大的差別。

新聞雖然認為瑞典的消極防疫目前為止是奏效的，但也知道目前下任何定論都言之過早且無意義。分析防疫成果的優劣和對錯是一個很大的命題，要從許多層面下手，歐美的疫情也尚未趨緩。

在一體化的歐洲裡，國界擋不了自由精神的歐盟公民，疫情大爆發並不難預測。每年二月底都是瑞典人的冬季運動周，眾多高薪階層的家庭飛往阿爾卑斯山滑雪度假，碰上北義大利的疫情爆發，將病毒帶回了瑞典國內。二〇二〇年三月二日，全瑞典不過十五例確診，四月初已破五千例。

被戲稱為是有錢人帶回家的病毒影響了瑞典國內的弱勢族群。斯德哥爾摩當局發現，全首都的死亡案例有一半來自索馬利亞移民社群。來自該國的移民大多居住在斯德哥爾摩邊陲地帶，長期以來失業率較高、也帶動了犯罪率爬升，被警方視為「脆弱地區」；如今碰上肺炎肆虐，引起了當局重視。歸咎原因，索馬利亞社群居住範圍密集，且有三代同堂與集體祈禱的習慣，再加上語言不通，沒有定期關注新聞，種種與瑞典生活方式的偌大差別，都讓當局意識到要額外協助各弱勢族群。

長期以來實行社會民主主義的瑞典，靠的是全國人民的高同質性與向心力來維繫社會運作，政府不願過度干涉人民的自由。誠如瑞典首相針對疫情罕見地發表了全國電視直播談話，卻不如其他歐美國家的元首談話、加強限制各種社會活動，整篇談話內容未談及任何政府的強迫手段，反而是溫情地向全國人民喊話，要大家負起責任、做好準備，保護自己也保護他人，並強調雖然接下來幾個月大家會飽受壓力，但他相信瑞典社會有足夠的支撐力能度過難關。

源於維京時期的同舟共濟、自動自發精神，延續到了已高度開發的現代瑞典。對於早已做好準備、囤滿物資的人來說，會覺得首相這段談話多餘又冗長；但這段直播更像說給還沒準備好或仍不當一回事的人聽，因為這些到現在都還沒有意識到嚴重性的人，才是瑞典的防疫缺口；而已經準備好的人，馬上會被這些缺口拖累。

自疫情爆發以來，瑞典政府這幾個星期的動作宛如擠牙膏、一點一點地縮限著人民的行動。畢竟長期深受社會主義薰陶的瑞典政府施政強調穩定，很難有大動作。

另一方面，瑞典社會不會特別照顧那些有能力的高薪階層，反而覺得他們應該要付出更多，幫忙政府一起照顧那些有失業風險的人；公立學校裡沒有資優班、也不會特別提拔所謂的天才兒童，而是注意整班的進度並特別關注學習緩慢的學生；而我們這種以前被SARS嚇到，物資和糧食都準備妥當、打算長期抗戰的臺灣人，也不會是瑞典政府優先照顧的對象，政府的首要任務是讓整個國家都能對疫情達到同樣的理解，接下來推動各種限制，人民才有共同的基礎去遵守。

這是一個需要高度信任互助才能達成的穩定，首相的談話招來他黨的質疑與社論的檢討，但瑞典最大民調機構之一的 Novus 調查發現，有八成受訪者認同首相強調的個人防疫責任。雖然沒有要求全國停工，斯德哥爾摩交通局已發現搭地鐵人潮減少了五十%，顯示大家在首相談話後，自發性地減少出門和接觸。

表面上看來穩定的瑞典社會，實際上各層面密集又環環相扣，結構如此複雜的社會安全網需要宏觀的考量，因為每一項決定都有它的代價。愈穩定的社會，問題往往愈明顯。譬如全面性停課，衍生出來的不僅有父母還要上班的托育問題、隔代暫養的老人被傳染的問題，還要考慮弱勢家庭的孩童是否能有家長的妥善照顧與三餐、是否給了少年幫派更多相處時間？即便大多數白領父母有機會在家邊工作邊照顧孩子，但無法在家上班的父母又該如何在不影響收入的情況下全天候照顧孩子？

這些隱藏的社會問題，不管是弱勢家庭兒童、少年幫派械鬥或毒品氾濫，都與大家熟悉的瑞典形象有差距，卻是瑞典的社福機構一直在面對的挑戰，也早就造成了一定的社會成本。

然而，若不只停課也全面停工，對經濟造成的影響更會反映在失業率上，不僅將衝擊社會穩定，也將考驗政府的紓困和失業救助計畫。對於社工來說，還要擔憂隱性家暴受害者將更長時間暴露於風險之中。

強調社會穩定的瑞典，百年來無憂無患，碰上這場全球公衛危機，是應該大夢初醒，還是繼續走自己的路？當北歐鄰居們都紛紛加強限制，與疫情作戰，瑞典公衛局卻指出鄰居們的手段不會奏效，關閉國門是政治考量而無科學立足點。彷彿以老大哥的身分指導各邦屬國，又參雜複雜的歷史情結，引起了一場新聞上的北歐小內鬨。

然而，疫情升溫以來不斷被媒體關注的醫療資源超載、社群媒體上一篇又一篇的醫療人員憤怒自述，都讓輿論逐漸把苗頭指向公衛局；媒體更報導了首都南方有醫院已備妥額外的冰櫃以應付更多的死亡人數。究竟當局是不見棺材不掉淚，還是有十足的信心？《華爾街日報》訪談了一些醫療專家，絕大多數都對公衛局的處理方式感到不樂觀，預估政府在未來幾周會被迫對人民施加更多的限制以控制疫情。

瑞典的憲法嚴格保障了國家級行政單位譬如公衛局的自由運作，當權政府很難順利插手，就算輿論之火愈燒愈大，首相也僅能建議公衛局加大檢驗更多高危險群，並宣布關閉全國的滑雪場，以防國人在即將到來的復活節假期交叉感染。

長期的醫療系統超載、行政緩慢、各區標準不一和專業人員的嚴重不足，統統宛如海水退潮般，在此危急時刻一個個露出原形。為此，瑞典和義大利一樣，鼓勵醫學院最後一年學生投入服務；同時鼓勵因疫情而失業的北歐航空空服員們短暫受訓，想把空服員變成護理人員，卻也引來批評，認為政府在火線時刻仍心繫經濟、搶救失業率。

每個國家的防疫方式，都與其政治、文化、歷史、人民習性有著深深的關聯，很難把一個國家的模式完整地套用在另一個國家身上；且每個國家的社會運作優先順序不同，照抄作業不一定會有效果。

雖然瑞典政府努力地維持社會的運作和經濟的穩定，但事情往往是一體兩面，需要仔細衡量每一個決策背後帶來的利益與必要付出的代價，畢竟政府不是靈媒，面對未知的病毒與潛在的國際經濟危機，未來走向難以預測，只能憑經驗和衡量國家狀況後，在成者為王敗者為寇的不安氛圍中，邊走邊調整。

就像瑞典首相在電視談話中提到的：「未來幾周和幾個月，我們還有更多困難要去克服。」面對愈來愈大的輿論壓力與真實存在的社會運作矛盾，向來受人稱羨的瑞典模式雖擁有一個又一個社會安全網維繫國家的穩定運行，背後卻也有一個又一個看不見的代價正蠢蠢欲動，在得到什麼的同時，也正失去著什麼。

不喜歡極端、強調剛剛好就是最好的瑞典，或許稱不上有最好的準備，但是否已做好了最壞的打算？

新冠國族主義

臺灣和瑞典的防疫手段，猶如世界上兩個最極端的國家。

臺灣因超前部署又有效控制疫情，政府得到人民的信任；瑞典是歐洲極少數沒有關閉社會的國家，在死亡率居高不下的情況下，政府仍然繼續獲得人民的高度信任，最大執政黨的支持率不降反升。

我以為我夠懂瑞典，全球大疫卻像一次大型海水退潮，將無比巨大的文化差異展露無遺。我替自己分析整理、嘗試重新了解這個民族，也在讀過的文章中發現了些許端倪。

瑞典在疫情期間的輿論有「Coronanationalism」這個說法，大致是指因新冠病毒而激起的瑞典國族主義，其中的那種自豪，無法容忍任何批評國家當前做法的輿論。

將民主與自由言論視為最高圭臬的瑞典媒體無法接受這種現象，瑞典最有影響力的日報《每日新聞報》（*Dagens Nyheter*）就指出，瑞典人已經習慣了在世界舞臺上大放異彩，對於成為「不一樣的國家」自信且驕傲；當政府選擇了一個非主流的防疫策略，並強調自律與個人責任的重要性，便更加把這份使命感賦予了同質性極高的瑞典人，將他們推向了國家驕傲的最前線。

其實類似狀況同樣發生在全世界眾多國家，許多政府將外來危機化為轉機，益加鞏固自身政權，並把國族主義做為養分，明目張膽地擴權、茁壯。《每日新聞報》認為，瑞典不同的地方是有影響深遠又歷史悠久的「社會工程」做為穩健基礎。

瑞典是個有著濃厚社會主義風範的民主國家，個人與國家的分界線不如傳統的西歐國家明顯，很多瑞典人都承認，他們是世界上最聽政府話的人群之一。長期左派與社會工程的成功，讓集體主義深深烙印在瑞典人心頭，雖可凝聚國家的向心力，並凸顯瑞典人強調責任與付出的使命感，但在國難當前的此刻，為了尋求更強烈的歸屬與認同，歌頌國家成了重要的表達方式之一；與此同時，在社會工程的庇蔭下，死亡數字變得是可接受的必要之惡，就像個無情的副作用。

或許瑞典的防疫策略無關對與錯，所揭露的僅是在強大壓力之下，民族真實性情的展現；而這樣的真情流露，讓局外人霧裡看花。

疫情新常態之下，人們需要新的集體象徵以凝聚向心力，也需要替錯誤找理由。憂心此種現象會徹底改變瑞典社會的政治學教授投書英國《衛報》，指出瑞典在疫情中已開始造神，譬如年輕人把瑞典疫情總指揮官（等同臺灣的陳時中部長）的頭像刺青在身上，也有社群媒體呼籲將他列為國家年度風雲人物；或者將眾多老人院集體感染的錯誤咎責到出身移民的護理人員，是因為他們不夠貫徹瑞典人自豪的個人責任心才導致防疫失敗。國族主義向來最顯現的排外性，於此展露無遺，將國家往極右派的危險方向推進。

其實瑞典對於自身的驕傲向來都存在，只不過是種曖曖內含光的隱學，被強大的溫和社會主義與政治正確給覆蓋著。在我的經驗中，通常有在國外生活過的瑞典人較謙虛也更有文化同理心，願意以多元角度衡量事物。

失控的國族主義其實無關真正愛國與否，而是一種集體的宣洩、安慰與歇斯底里。防疫成不成功，討論已不再有意義。

一個社會不能只有一種聲音。一個無法接受批判的國家，表面上看來歌舞昇平、人人榮譽感爆表，實際上卻默默地滋養著最能撕裂社會的力量。

戰爭的重量

寫這篇文章的同時，俄烏戰爭爆發已一年有餘，似乎仍然看不到盡頭。戰火無情，人心卻會麻痺，巨大的能源與經濟危機席捲歐洲，尤其造成了瑞典的通貨膨脹加速上漲、經濟停滯不前，就算瑞典社會向來有悲天憫人的胸懷，還真不知道大家對於烏克蘭的愛心能持續多久。

戰爭離近代的瑞典很遠。瑞典上一次公開支援戰爭是一九三九年蘇聯入侵芬蘭。那場被稱為「冬季戰爭」的戰事，蘇軍打得艱辛，最後只能稱得上慘勝，苦戰超過百天後雖然無法征服芬蘭全境，最終仍讓芬蘭割讓了十一％領土與三十％資產以終結戰事，芬蘭總傷亡七萬餘人，蘇聯三十二萬人。

從人種、文化到語言都與芬蘭大相逕庭的瑞典，當年有超過九千人自願前赴鄰國參戰，當時的瑞典政府也向芬蘭提供了大量的武器、砲彈，甚至是飛機。對於當年還不算富裕的瑞典來說，這是一筆不小的開銷，但強大的敵軍都打到鄰居家裡了，下一步就能從後門直通自家門口，若不支援，和平不會自己來。

二〇二二年，當人們正進入新冠疫情尾聲，全世界難以想像，下一場大型戰爭就這樣發生在平安了七十年盛世的歐洲。當不可能成為可能後，瑞典在俄烏戰爭初期放棄了向來的中立立場，向烏克蘭提供了總價值近十二億臺幣的武器與裝備。除此之外，從民間到半政府組織，全都盡一切力量幫助著戰火下的烏克蘭人民。

身為一個軍事不結盟的中立國，瑞典的武器出口法明白規定，不能向存在軍事衝突的國家提供武器，但瑞典打破了長久以來的慣例。對此，瑞典史上第一位女首相在俄烏戰爭初期的三月召開了臨時記者會。這場電視直播令人格外不安，因為就在幾天前，俄羅斯外交部發言人公開點名，要瑞典與芬蘭離北約遠一點，否則將承擔後果。

曾經扶持戰火下的芬蘭，如今再被最大的假想敵公開唱名，看過了數十年來各種國際危機，從中東戰火到非洲內戰再到臺海危機，瑞典人對於這次俄羅斯的威脅，絕對非常有感。

那一場罕見的電視直播中，首相安德森把政府的立場講得很明白：俄羅斯對於烏克蘭的侵略，是一場對所有民主自由國家的攻擊；瑞典國家安全的最大利益，就在於幫助烏克蘭避免遭受併吞；強調政府會進一步加強國防、要求國民對於戰爭做好準備，畢竟物價會上揚，經濟和企業皆會遭受打擊。爾後證實，上述預言全數成真。

小時候看過的喬治．歐威爾小說《一九八四》裡，負責掌管戰爭事務的部門叫做和平部。好諷刺。沒有人願意戰爭，但當你兩手一攤空空如也，和平也不會自己送上擁抱。

俄烏戰爭初期某個晚上，我正在加班，朋友傳訊問我是否查好家裡附近的避難點，分享了一個政府的網站，輸入地址就能馬上查看附近的許可避難點。「公司附近也要查一下喔」她說。

我想想也是，畢竟戰爭說來就來，白天都在上班呀，多心的我更開始往下想，是否明天開始要每天帶著護照去上班，否則戰火之下誰能驗證我的身分？不留心之際，無意間看到新聞報導，瑞典各大藥局的防核災碘片銷量大增，頓時感到風雲變色，原來危機離我這麼近，原來有生之年，我會真正經歷一場戰爭。

我從來沒有想過有一天會親身經歷俄烏戰爭，但更沒想過能透過一己之力幫助烏克蘭人。

因為工作的關係，我接觸了瑞典的「烏克蘭之家」，一個以非營利組織身分存在於世界各國的烏克蘭機構。戰爭開打幾個月後，我和茱莉亞第一次見面，她是瑞典人戲稱的「愛的難民」，由於另一半是瑞典人，不得不離鄉背井，來到這又北又冷又暗的國家生活，當年的她可能完全沒有想過，有一天自己竟然會符合國際難民資格。

聊天過程中，茱莉亞一直有種欲言又止、強忍淚水的情緒，說創辦了瑞典的「烏克蘭之家」就像正式宣告這場戰爭將持續下去，否則瑞典與烏克蘭兩國的連結本來就不算深，沒有必要成立。「我希望透過這個組織，讓瑞典人對於烏克蘭的支持能夠繼續下去」，她緩緩說道。

都是外國人背景的我們理所當然地聊到了自己的家鄉，以及臺灣的國際處境和步步為營的戰爭前景。她的故事以及想幫助自己國家的渴望，我非常能夠感同身受。國外住久了，總想著自己能為故鄉做點什麼，尤其臺灣如此尷尬的國際處境更讓我有種使命感，也更能體會茱莉亞的心境。

我們常說，孩子的成長只有一次，而在戰火中成長的孩子，是被大人們無情地剝奪了童年，那種缺憾就像玩疊疊樂時，把最底層的兩塊積木不思後果地抽走，徒留不穩的地基。

我們最終達成了協議，我們辦公室每周將兩次無償提供烏克蘭之家一個活動場地，讓因為無情戰火而來到瑞典的烏克蘭孩童們，能有一個舒適又方便的環境碰面，烏克蘭之家則會招募能說烏克蘭語的志工，教孩子各種學校科目，讓他們在瑞典學校裡的進度不會太落後。

我促成的這項合作協議進展順利，愈來愈多孩童加入、志願者也愈來愈多。聖誕節前夕，我收到烏克蘭之家孩童們手工製作的小玩偶，以及他們親筆寫下的卡片，感謝我與公司的慷慨，讓人分外感動。那是歲末年終，工作上多少有些趕進度與無盡的壓力，總是特別容易懷疑自己是否能力不足，但來自烏克蘭之家的小禮物與卡片卻溫暖地提醒了我，這一年來，我總算還是有做對一些事情。

瑞典的情人節在二月，後來孩子們還送了我一個他們自己設計的、使用3D列印技術製造出來的愛心模型。感動之際，我也驚訝於孩子們居然已經在學習3D列印技術，我之前還苦惱自己不會說烏克蘭語，不然真想貢獻自己的心力參與教學；但現在看來，他們學到的，遠超過我能給予的。

對於大人來說，戰火雖然無情，人生還是要繼續，並希望總有一天能見證光復故土的時刻。我身邊幾位烏克蘭朋友從俄烏開戰至今，莫不經歷了巨大的壓力與創傷，他們都在瑞典居住多年，也已取得瑞典身分、在瑞典創建了自己的第二人生，戰爭爆發之後，卻統統面臨了自己到底夠不夠愛國的問題。該拋下在瑞典擁有的一切回到祖國奮戰？還是可以在國外用一己之力支持祖國的奮鬥？不管抉擇為何，同樣都有難以承擔且無法預料的後果。

我其實不太清楚到底該不該與這些朋友聊戰爭相關話題，換作是我的話，無形的壓力已經夠大了，還要化為文字或話語來闡述，實在是沒有必要，因此只是默默地在朋友們的臉書與 Instagram 動態上點讚，低調地表達支持。

某一天，我在路上巧遇其中一位烏克蘭朋友，幾句寒暄，他默默地說，前陣子去北部滑雪旅遊散散心，我鼓勵他說這樣很好，多出去走走看看，釋放壓力。說著說著，朋友漸漸面露哀傷，「可是我不能讓別人知道我出去玩」，他小小聲地說：「我國家的人民都還在受苦，我卻沒有回家與他們一起奮鬥，我總覺得我不能享樂，這樣不夠愛國，但再不出去走走的話，我可能就要崩潰了。」朋友的語氣平靜，可是說出來的一字一句，好有重量。

互相擁抱後，朋友往另一個方向走去，「但是戰爭還很長啊，你總不能一直這樣下去。」我邊走心裡邊嘀咕。

俄烏戰爭是一場大家或許可意料卻無法預測的無情戰爭，千萬名的烏克蘭人、俄羅斯人、男人女人、成人與孩子，都背負著各種情緒，一天又一天，帶著憂傷、無奈、憎恨、擔憂、焦慮，最終都成為無可負擔的重量，壓在每個人身上。戰爭的重量，是我們生命中不可承受之重。

後記
瑞典是我的（永遠的）家嗎

住在異鄉，又從異鄉出國玩時，總會遇到一個很難回答的問題——「你從哪裡來」。不管是餐廳服務生、幫忙拍照的路人或是酒吧的酒保，都會對一個東方面孔產生好奇，畢竟在白人眾多的西方世界裡，尤其歐洲，我的長相就是一個理所當然的、無可厚非的觀光客。

「你從哪裡來」這個問題理論上不是很難回覆，但在國外待得愈久，我的回答卻益加顯得矛盾。

應該回答我來自臺灣，那曾是我不間斷待了二十三年的國家，但這個答案偶爾會碰上即將前往臺灣的人，對方會像找到寶似地熱情詢問各大景點與住宿推薦，畢竟在海外能碰上臺灣人的機會明顯比中日韓少上許多。這種時候我只能微笑以對，緩緩地說，其實我已經不住臺灣很久很久了，我現在住瑞典，許多臺灣的著名景點譬如日月潭或太魯閣，我這輩子都還沒去過。

但若說我來自瑞典嘛，這張東方面孔實在難以說服人，對方往往先愣一下，但基於歐洲乃至西方社會已行之多年的政治正確原則，再多說什麼都不會太恰當，畢竟我可以是第二代移民、也可能被領養，總之有太多種情況可以解釋為什麼一張東方面孔的人會說自己從瑞典來。這年頭，多說幾句，就有可能被扣上種族歧視的大帽子。

最一勞永逸但可能略顯嘮叨的說法，大概是「我住在瑞典已經很多年了，但其實我是從臺灣來的」，立刻安全下莊，一次解決兩個問題。但面對往往只有一面之緣的人，其實並不是很想透露這麼多（而且或許對方也只是禮貌性地詢問，沒想知道太多）。

在異鄉生活久了的人啊，往往都有一種「卡在中間」的輕微掙扎感吧。在他鄉打拚，為了生活、為了理想、為了更好的條件、為了下一代，或是遠嫁他鄉，每個人有不同的原因在非家鄉的土地上持續扎根。有些時候覺得自己腳踏實地、穩扎穩打了，應該夠格了吧，很可能一句話、一個眼神、一個別人稍稍不經意的舉動，都實實在在地提醒你，你仍然還是個外國人。到底是自己努力不夠、還沒完全融入這個社會呢？還是就得接受自己是個永遠的異鄉人呢？

異鄉人回臺灣探親時，總是有各種的不適應。譬如叫不出電視上明星的名字、不懂怎麼設定手機支付、無法了解便利商店最近又在集什麼點。看著手機地圖上一站又一站新穎的輕軌站名，心裡想的是學生時期最常搭的那條公車路線；面對一間又一間的新商場，心裡卻想重溫那間青少年時期最喜歡逛的百貨公司。對我來講，家鄉好像一直在變。

改變總是好的吧？異鄉人卻是在兩種時空之間的人。我們仰賴過去對於家鄉的美好記憶，拼湊建構著對於異鄉未來的美好想像。家鄉的改變速度太快，就像是奔跑追趕著一輛開得過快的除草車，路是幫我開出來了，但我沒有參與其中，所以無法共鳴；無法複製記憶。

一個異鄉人的掙扎，我雖然不像卡繆名著《異鄉人》裡面那樣的哲學與存在主義，卻同樣經常陷入苦思。

在瑞典這麼多年了，中間不乏搬到其他國家的機會。某間任職過的大型跨國公司鼓勵人才流動，曾有機會把我調到英國倫敦或美國西雅圖，兩個世界強國當中的兩座知名大城市，給的薪水也好上瑞典好幾倍，最終卻都沒能讓我做下決定。很心動沒錯，但要考慮的因素太多了，就像是年過三十找尋伴侶一樣，撇除了怦然心動的衝動、得以理智鎮定下來之後，發現個性、經濟狀況、作息，甚至是音樂品味，都比那一份心動還要重要。

我在二十歲出頭來到瑞典，人不生地不熟。那是仍然仰賴ＰＴＴ的年代，北歐或瑞典板卻小貓兩三隻，找不到太多留學或生活訊息，瑞典在臺辦事處甚至不處理簽證，要我一個當時正在服役的人親自前往香港取得簽證。服役中的臺灣男子不得入境中港澳地區，費盡千辛萬苦與官方溝通後，我終於得以用落地簽入境瑞典。

入境之後，真正的挑戰才開始。來到一個很冷又偏冷門的非英語系國家念書、生活，終究得靠自己，一切都是從無到有。小至辨別超市各種調味料的瑞典文，大至拓展人脈，完全沒有模板可以追隨、不能照抄作業，雖然很辛苦也走了不少冤枉路，但一步步走來，倒也腳踏實地、心安理得。

畢業後，更大的挑戰等著我去破關。我從臺灣的大學到瑞典的碩士都是讀傳播科系，但在我之前，從來沒有臺灣人或是說華語的人，能在瑞典找到相關的公關或行銷工作，不少人勸我打消念頭，試試看其他類型的工作。對於喜歡觀察、寫字、說話的我來說，實在想不到還有什麼其他一技之長，因此解方也挺簡單的，找不到這方面的工作的話，那就回家吧。一切都是起頭難，但撐過去了就是你的，我當時這麼想。

靠著很多的運氣與適當的努力，我終究在瑞典安定了下來，過了好幾年穩健的生活，如今回頭看過去的一切，雖稱不上是一部奮鬥史，當中的苦澀卻也只有自己明白。或許是在瑞典的生活太安穩了，實在是沒有多餘的興致與能量飛到另一個新國家，從頭開始一段新的人生，畢竟自己現在所擁有的一切，原本都不屬於我，都是我拚來的，遠離這一切多可惜。也不是沒想過去一個新的國家重新開始，但在利益衡量後，總是放不下現在的穩定：可以感受到的安定、聞得到自己房間的熟悉氣味、摸得到的斯德哥爾摩觸感、看得到的那片冬日雪景與夏季湖畔、聽得到的恬然謐靜。

一次又一次的想像與掙扎後，慢慢地、半推半就地，我得到了一個安慰自己的結論，我們從小讀的歷史書上總是說臺灣人有著開拓與勇敢的海洋國家精神，我也努力開拓過一次了，應該夠了吧？

現在是這樣想；至少這幾年是這樣，但以後呢？我要在瑞典永遠待下去到白髮蒼蒼嗎？我是瑞典人了嗎？「Never say never」是我在國外打拚快一輪生肖的年歲後領悟到的態度。世事多變，而若真正的改變需要發生時，宇宙總是冥冥之中有注定，會在最適合的時機告訴你。

一位日本好友年近四十才來瑞典，原本在巴黎生活好幾年的他以為，巴黎就是自己的人生下半場，種種機緣下，卻必須在鄰近不惑之年的生日前飛到兩個半小時以外的斯德哥爾摩，重新開始新人生。巴黎之前，他在倫敦與東京也住過相當長的一段時間。

我問好友覺得自己是哪裡人，他說在海外待了這麼多年後，已經不再對「我是哪裡人」這個問題掙扎了。因為當你把自己的身分放在一個很模糊的位置時，人生的一切反而變得更加清楚，自己也不再為混沌不明的認同感而心煩意亂。對我來說，這聽起來是偏向於被動的解方，或許是年紀還沒到、也或許是心中的控制狂總是在作祟，我對於身分認同的追求，仍然蠢蠢欲動。

當年在斯德哥爾摩大學讀研究所時，同學們來自各大洲，大家總自然而然地就著過往記憶與各自的文化背景，探討媒體與全球化的發展如何一步步地形塑我們的國族認同、文化記憶與身分政治。在一堂有時候長達兩三小時的辯論之中，聽到同學們的既定開場白又是千篇一律的「In my country, it is...」，總是下意識地在心中翻一個白眼，又來了，大家都是從不同國家來的啊，真的沒有人太在意你到底是哪裡來的，你的國家正經歷怎麼樣的事件。

或許，「我從哪裡來」真的是一件相當個人的事情，不管今天我是瑞典人還是臺灣人還是哪國人都不是，地球照樣運轉、雪照樣下、國會照樣吵架、戀人們照樣分分合合，而只有我，仍被困在那個自己設限的題目裡面。臺灣可能永遠會停留在我記憶裡的那個臺灣，而現實人生中的那個，我永遠跟不上；瑞典則是一個我擁有較多掌控的地方，我創造了我新的人生、我的第二個家，而在可預見的未來裡，我仍可以繼續把握這個未來。

撰寫這篇文章至此，我查看了一下開啟勿擾模式手機裡頭的各種未讀訊息，有臺灣的新聞、瑞典的新聞、美國的新聞、不同朋友寫來的英語、瑞典文、中文簡訊。

一切都感覺如此地靠近、卻又像遠在天邊。當一個離鄉背井的人可以不再想我從哪裡來、我要往哪裡去的時候，是否真的就能專注眼前的生活而不多想了？還是只是在等待陷入下一個人生大哉問？

許多在瑞典的外國人，總會忍不住地、無時無刻地抱怨天氣——其實這是和本地人學的，聊天兩三句總不離天氣。冬天的時候當然要抱怨很冷，夏天來了氣溫不過二十八度則抱怨太熱。我們會自嘲，世界這麼大，自己卻偏偏選了一個又冷又黑的地方定居下來。

許多剛認識的瑞典人知道我來自臺灣後，總是笑著問我為什麼要離開一個熱帶島嶼，來到既遙遠又有大半年都是冬天的瑞典生活？讀書時有次和一位瑞典同學在雪地裡寸步難行，深刻感受著「上學之路好艱困」那個當下，她一邊走一邊說，我不懂，為何我的祖先決定在這樣的環境裡定居，他們難道不能有遠見一點，搬遷到南歐嗎？

有趣的是，搬遷到另一個國家，以今日時空來說並非難事，文明社會的遷徙自由造就了一個又一個異鄉人，因為工作、感情或個人選擇，落腳在一個又一個陌生國度。況且瑞典又在歐盟之內，自由搬遷本來就是歐盟賦予居民的條件之一，但我們卻選擇留下來，繼續抱怨，看來也甘之如飴，這就是我經常笑稱的「Stuck in Stockholm」，最終，我們把 Stockholm 變成了 Stock-home，或是 Stockholm is home。

瑞典的魔力，在於讓你忍受根本無法忍受、一來就是好幾個月的漫漫漆黑冬夜；卻能在這之中，讓你滿心期待即將到來的美好夏天（雖然夏天往往只有幾星期），並為此感激眼前冬日的純白靜謐；在於繳了高額的稅卻感到心安理得，縱使醫院急診要等好個幾小時、政府部門的牛步會讓你嘆氣連連、超市裡幾乎都是國外運來的蔬果且不新鮮又不便宜、連想買酒喝都要到政府統一管理經營的酒局才買得到。

我經常覺得，這就像所謂的「斯德哥爾摩症候群」（瑞典語：Stockholmssyndromet）。「斯德哥爾摩症候群」來自一九七三年，一間位在斯德哥爾摩市中心的銀行遭到兩名歹徒搶劫，並挾持了四名行員當人質，在與警方僵持了近五日後，歹徒最終投降，但四名人質不僅沒有蹭恨歹徒，反而同情歹徒的遭遇，認為歹徒不僅沒有傷害自己，反而還照顧了自己五天，甚至轉而對警方採取敵對態度。

這個心理學現象放在我們這群因為自身選擇而搬來瑞典的人來說，有些切合。雖然這個國家設下了許多限制、這個社會鼓吹自由卻也期待著你要變成同質性高的居民、這個政府的施政看似獨樹一格卻也千篇一律。任何人待了幾年後都能看清這些現象，但依然能有選擇的我們，卻也都選擇了繼續待下去；而且愈待愈甘心、愈知足，甚至努力向其他不懂的人解釋，為什麼瑞典值得我們繼續把人生給投資下去。

為什麼呢？

此刻的我，坐在靠窗邊的沙發上寫著這篇文章，茶几上擺著一杯瑞典熱咖啡（其實就是很濃的黑咖啡——瑞典人最愛的濃度，他們稱這濃度剛剛好），七月的鳥語花香在窗外恣意展現，二十度出頭的氣溫配上沒有雲的天空，令人心曠神怡，剛剛好的陽光打在樹上，形成交錯又搖曳的光景，微風徐徐地從半開的窗外吹進來，聞起來清新自然，窗外沒有喇叭聲或嘈雜聲，歲月靜好的周六午後，一切都如此地美好，剛剛好。

我感到知足，也感到歸屬。這大概是一種心之所向。

我明白，瑞典的稅很高，但國家的運作不該是使用者付費，我甘願繳稅好讓這個國家繼續成就所謂「最完美的不完美社會」；我明白，政府的效率很差，但正是瑞典著名的「共識決」，才能讓彼此尊重彼此的聲音，而非誰的聲音比較大就主掌一切；待了這麼多年更體會到，不用再把瑞典拿去與其他國家或文化做比較，因為每個國家的運作都有錯綜複雜的歷史與文化脈絡，照抄作業行不通，那就像拿蘋果去和香蕉比。

我的斯德哥爾摩症候群，是在足夠了解這個國家背後運行的道理後，甘之如飴、心甘情願地繼續被這份「看似不自由的自由」管束；是在充分體會要有足夠的付出、且付出不一定要有回報之後，才能安心地享受瑞典帶來的宜居感。當我不再用異鄉人或受害者的角度去看這一切，最初感受到的「Stuck in Stockholm」，就變成了 Stockhome is home。

而「斯德哥爾摩症候群」的加害者，瑞典，也因此搖身一變，成為一個宜居國度。

這份宜居感建立在多年來學習到的不成文社會法則上，因為大家都在同一條船上，不分你我，每個人的付出都很重要。而當你不再把自己放在被占便宜的位置上，一切似乎就豁然開朗了。

其實大家不都是一樣的嗎？我們總是天天抱怨天氣差、工作爛、房子破、伴侶哪裡不夠好，卻也無法說走就走，因為在那些千篇一律又無情的抱怨之下，有那麼一個讓你無從放下、無法取代、不能失去的東西：規律與歸屬感。

對我們這種介於兩種文化之間的人來說，最完美的融入與歸屬感，就是既能在新的文化中如魚得水，離開那個群體時，又能對自己的過往如數家珍。就像是能夠在家裡一邊用流利的外文和職場伙伴線上開會，討價還價地替自己爭取專案主導權，同時也能熟稔地洗米，準備用大同電鍋煮今天晚上要吃的米飯。

我不需要刻意把自己變成瑞典人。我就介在這兩種截然不同的文化中間，以前是、現在是、以後還是。

並不是我找到了這個位置，而是我一直都在這個位置上，只是渾然不知。而這樣「剛剛好」的體悟，會在恰恰好的時機出現，讓你繞了一圈、以為自己沒有歸屬感之後發現，原來我還在這裡、我就在這裡、我怎麼會如此剛剛好地、不多不少地，繼續在這裡。

ACROSS 073

斯德哥爾摩宜居指引：劉先生的十二年瑞典駐地觀察與剛剛好文化剖析

作　者—瑞典劉先生（劉晉亨）
責任編輯—陳詠瑜
行銷企畫—林欣梅
地圖繪製—廖于婷
封面設計—FE工作室
內頁設計—張靜怡

總編輯—胡金倫
董事長—趙政岷
出版者—時報文化出版企業股份有限公司
一〇八〇一九臺北市和平西路三段二四〇號三樓
發行專線—（〇二）二三〇六—六八四二
讀者服務專線—〇八〇〇—二三一—七〇五
（〇二）二三〇四—七一〇三
讀者服務傳真—（〇二）二三〇四—六八五八
郵撥—一九三四四七二四時報文化出版公司
信箱—一〇八九九臺北華江橋郵局第九九信箱

時報悅讀網—http://www.readingtimes.com.tw
電子郵件信箱—newstudy@readingtimes.com.tw
時報出版愛讀者粉絲團—https://www.facebook.com/readingtimes.2
法律顧問—理律法律事務所　陳長文律師、李念祖律師
印　刷—勁達印刷有限公司
初版一刷—二〇二三年九月二十二日
定　價—新臺幣三六〇元

斯德哥爾摩宜居指引：劉先生的十二年瑞典駐地觀察與剛剛好文化剖析／瑞典劉先生（劉晉亨）著. -- 初版. -- 臺北市：時報文化出版企業股份有限公司, 2023.09
256面；14.8×21公分. --（Across；73）
ISBN 978-626-374-215-4（平裝）

1. CST：社會生活　2. CST：文化
3. CST：文集　4. CST：瑞典

747.53　　112012855

ISBN 978-626-374-215-4
Printed in Taiwan